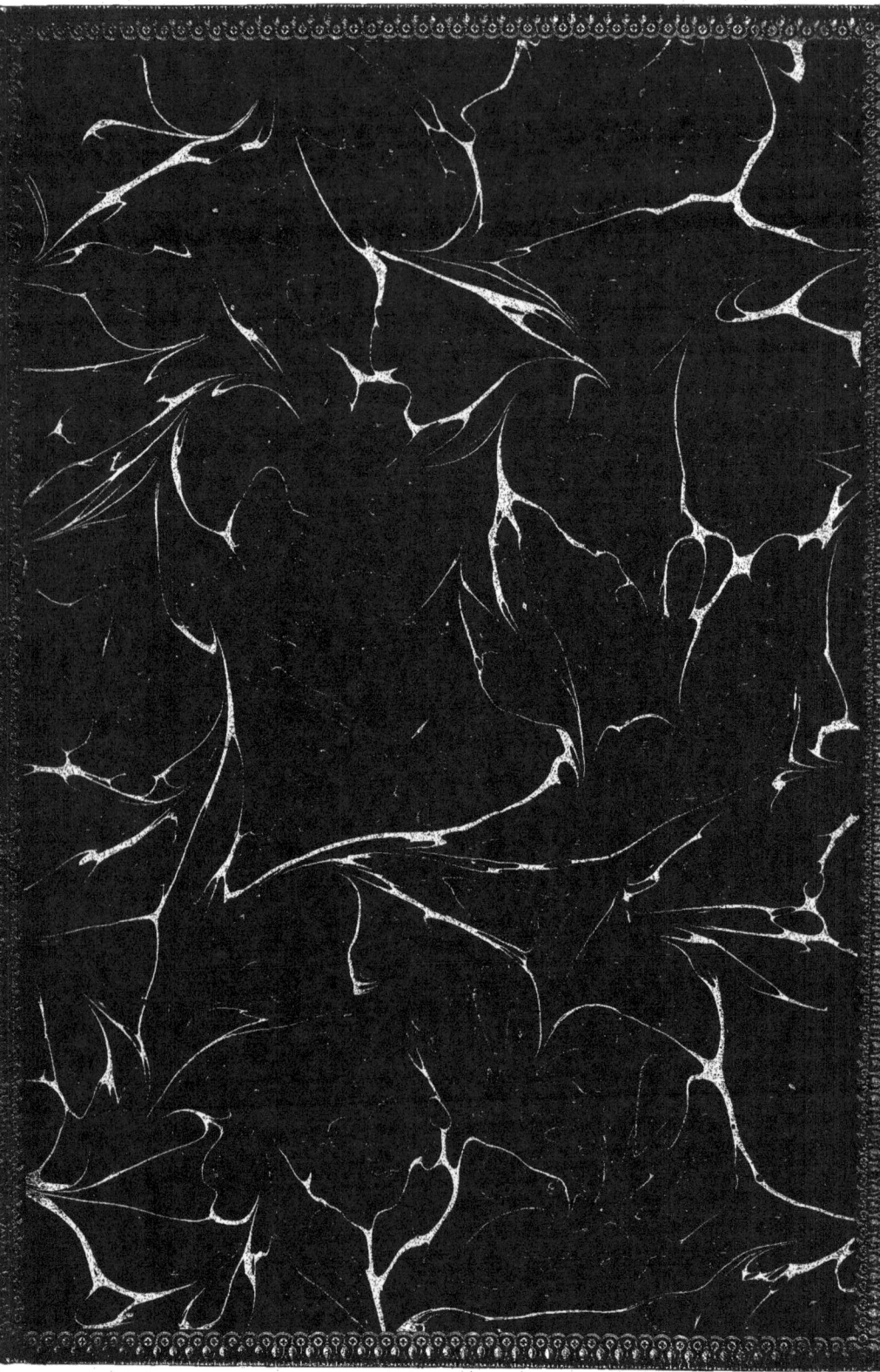

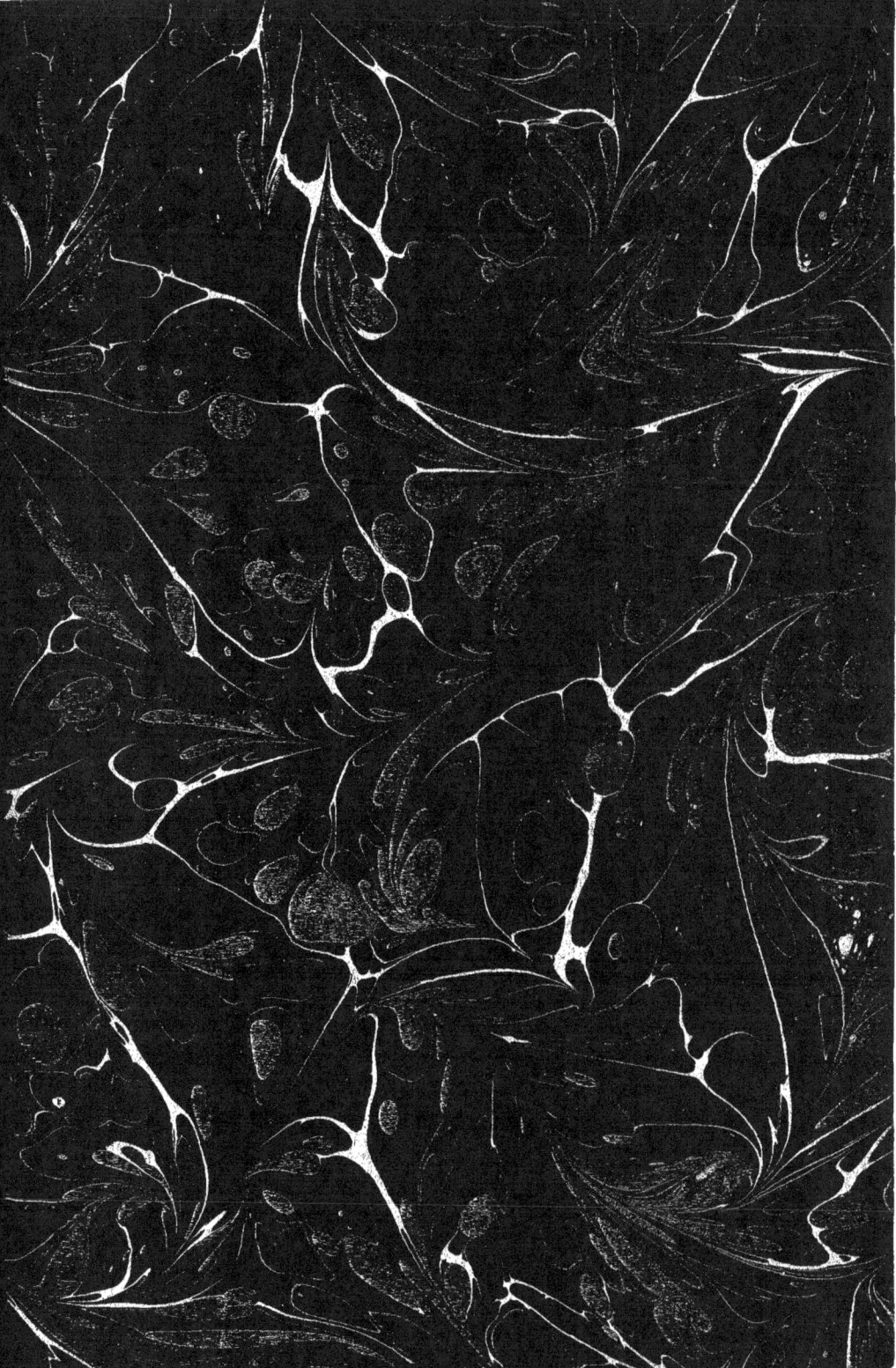

par La Mésangère

OBSERVATIONS

SUR

LES MODES ET LES USAGES DE PARIS.

VASSAL ET ESSLING,
IMPRIMEURS.
IMPRIMERIE DE SÉVIER, RUE GRENELLE, 29.

OBSERVATIONS

sur les

MODES ET LES USAGES DE PARIS,

POUR SERVIR D'EXPLICATION

AUX 115 CARICATURES

PUBLIÉES

SOUS LE TITRE DE BON GENRE,

DEPUIS LE COMMENCEMENT DU DIX-NEUVIÈME SIÈCLE.

PARIS,

CHEZ L'ÉDITEUR, BOULEVART MONTMARTRE, N° 4.

1827.

OBSERVATIONS

SUR

LES MODES ET LES USAGES DE PARIS.

N° 1.

(Année 1801.) La Walse est une danse allemande dont nos Françaises raffolent.
Tantôt les danseurs se tiennent embrassés par le milieu du corps, tantôt enlacés. Quinze, vingt, quelquefois trente groupes tournoyans suivent à la fois une direction circulaire. Dans cette danse, le cavalier est comme le pivot du groupe en action.

N° 2.

(Année 1801.) Pour peu que les queues des robes continuent à s'allonger, on sera forcé d'agrandir les jardins publics, ou de renoncer au plaisir de la promenade. Une élégante occupe aujourd'hui au moins six pieds en longueur : on est contraint de rester derrière elle à cette distance, si l'on ne veut marcher sur sa queue. Mais cet inconvénient est pour les dames une occasion de déployer de nouvelles grâces.
Imaginez une belle qui sent qu'on marche sur sa queue : elle s'arrête, penche le haut du corps en arrière, porte en avant la partie inférieure, laisse tomber sa tête sur l'épaule, puis jette sur le maladroit un coup-d'œil où se peint tantôt la coquetterie, tantôt un air de protection.

N° 3.

(Année 1801.) Les jeunes gens qui vont à Longchamps, montent, pour l'ordinaire, des chevaux fins. Deux *incroyables*, pour former contraste, ont choisi des chevaux de brasserie.
Dans le principe, la promenade de Longchamps eut pour but les Ténèbres d'une abbaye de femmes; on y allait entendre de jolies voix. Aujourd'hui, et depuis plus de vingt ans, c'est un concours de promeneurs qui n'ont d'autre but que de voir et d'être vus.
Par une sorte de réserve et de convenance, le peuple ne se mêle point aux beaux messieurs et aux belles dames.

N° 4.

(Année 1801.) Cette gravure me confirme dans l'idée que les Parisiennes sont, de toutes les femmes, celles qui ont plus de grâces, même dans les fonctions qui en admettent le moins, comme de manger goulument, de regarder hardiment, etc.

N° 5.

(Année 1801.) Les femmes de dix-huit à vingt ans sont en guerre ouverte avec les femmes d'un certain âge. A trente ans, disent-elles, on ne devrait plus avoir de prétentions à la parure. Ces idées font qu'elles imaginent des modes qui ne peuvent convenir qu'à elles; et de ce nombre sont évidemment ces coiffes plates *à la paysanne*, qui demandent des figures si fraîches, et ces bonnets qui ont tant de rapport avec les toquets d'enfans.

N° 6.

(Année 1801.) Les esprits faibles vont consulter cette femme, qui ne possède d'autre secret que celui de persuader qu'elle les connaît tous.

N° 7.

(Année 1801.) Dans un bal masqué de société, on ne voit plus ni Arlequins, ni Colombines, ni Pierrots. Les costumes à la mode sont ceux de la Suisse et de notre ancienne province de Normandie; mais, avec leur jupe de grosse étoffe et leur bonnet de paysanne, les dames ont grand soin de mettre une croix de diamans, ou quelque autre bijou qui les distingue.

N° 8.

(Année 1801.) Que se disent ces masques en s'abordant? *Je te connais, tu ne me connais pas. Je te connais*, c'est-à-dire, j'ai une foule de moyens de te mettre dans l'embarras, de te jouer, de m'amuser à tes dépens. *Tu ne me connais pas*, c'est-à-dire, tu ne peux prendre ta revanche, tu ne peux te prévaloir de mes défauts, de mes faiblesses; je vais te lutiner.

N° 9.

(Année 1801.) C'est surtout pendant le carnaval que vous devez être surveillans, vieux maris de jeunes femmes, amoureux surannés.

N° 10.

(Année 1802.) Une grande familiarité règne partout le matin ; on n'a pas encore eu le temps de devenir cérémonieux : le déjeûner est le repas du cœur.

N° 11.

(Année 1802.) Autrefois on jouait au volant sans raquette : c'était avec la paume de la main qu'on chassait la balle ronde ou la petite pelote ailée. De là on appelait le jeu lui-même, la *paume*.

Mais nous sommes devenus délicats : les élégantes ont des raquettes ornées d'or et de soie, de velours et de maroquin ; les bourgeoises ont des manches de raquette tout simplement garnis de peau de mouton. Les petites filles du peuple et les servantes jouent avec des raquettes d'osier.

Le dimanche, à Paris, on joue au volant du haut en bas de l'hôtel : la portière et sa fille jouent devant la porte, les valets dans l'antichambre, les enfans dans le jardin, et les dames dans le salon.

N° 12.

(Année 1803.) Ce jeu se nommait autrefois *paumèle*.

Il faut proportionner les coups à l'âge et à la force du patient. Les gens mal élevés frappent à tour de bras.

N° 13.

(Année 1803.) Vous connaisssz la charmante femme de chambre de Mme ***. — Et même son charmant jokei. — Je le crois bien, c'est la même personne : à la toilette le matin, derrière le cabriolet l'après-midi.

N° 14.

(Année 1803.) Il faut que chaque joueur sache calculer les vitesses et les distances, et lise les projets de ses concurrens dans leurs yeux, afin de n'être point trompé par de perfides appels.

A ce jeu, comme ailleurs, gardez-vous de quitter une place qu'un jour vous pourriez regretter.

N° 15.

(Année 1803.) Ce jeu si connu se joue dans une chambre ou dans une enceinte bornée. On bande les yeux de celui que le sort a désigné, et il poursuit ses camarades jusqu'à ce qu'il ait deviné le nom de celui qu'il saisit.

N° 16.

(Année 1804.) C'est surtout en fait de modes que le troupeau servile des imitateurs abonde. Une coiffure, un ajustement sied-il bien à une de ces femmes qui embellissent tout, il n'en est aucune, même des plus laides, qui ne brûle de l'adopter.

N° 17.

(Année 1804.) Voici un exemple du danger que courent les parents nés pauvres, qui, au lieu de donner à leur fille un métier, veulent en faire une artiste.

N° 18.

(Année 1803.) Commeut, disent ces élégantes, pas une âme! maudite pluie! Mais où donc rencontrer quelqu'un à qui parler, à qui se faire voir! Il est vrai que la coiffure de ces dames est du dernier goût. Ce sont presque des têtes d'enfans de chœur.

N° 19.

(Année 1803.) Cette danse porte le nom de celui qui en est l'inventeur. Triste célébrité! la manie des pirouettes a détraqué sa tête; il est mort à Charenton.

N° 20.

(Année 1803.) En 1791 et 1792, le boulevart des Italiens, qui n'avait guère été fréquenté que par des élégans du quartier devint, on ne sait comment, la promenade favorite des partisans de la cause royale. S'y montrer, c'était faire profession publique *d'aristocratie*, c'était s'enrôler dans l'armée des princes, c'était afficher enfin, de la manière la plus authentique, que l'on épousait les intérêts, comme les opinions, des Français réfugiés à Coblentz. De là le nom de *Coblentz* donné à cette partie des boulevarts qui se trouve entre la rue Taitbout et la rue Neuve-Lepelletier.

L'habitude soutient une mode créée par l'esprit de parti, et l'on préfère, à des promenades aérées, un sentier étroit, que rétrécissent encore quatre rangées de chaises. C'est là que, depuis six heures du soir jusqu'à minuit, quatre mille personnes se heurtent, se coudoient, se talonnent, s'étouffent de chaleur et de poussière.

N° 21.

(Année 1806.) Les pieds rasent la terre, mais ne la quittent pas; une main ne lâche que ce que l'autre reprend; un trait ne se dérobe que pour dévoiler un attrait.

N° 22.

(Année 1806.) Les capotes à passe longue ont évidemment été inventées par des coquettes peu jolies, qui ont voulu exciter la curiosité des hommes, et leur tenir une mystification toute prête.

N° 23.

(Année 1806.) Que dire de ces culottes à mille plis et de ces habits larges qui tombent carrément avec aussi peu de grâce que s'ils étaient pendus à un porte-manteau?

Les inventeurs des modes ne sont pas ceux qui les portent, mais bien les tailleurs, les marchands. De là, le mauvais goût et l'inconvenance de quelques vêtemens. Commode ou non, quand une forme d'habit existe depuis quelque temps, il faut qu'elle soit changée, et, pour le profit du vendeur, que l'on passe d'un extrême à l'autre.

N° 24.

(Année 1806.) Quelle inconséquence! on environne de soins une jeune personne pour la garantir des propos flatteurs; et, conduite au bal, le langage des yeux lui prouve qu'elle est trouvée charmante : cette main qu'un homme ne devait pas toucher, est cependant touchée, et même pressée par une heureuse main.

N° 25.

(Année 1807.) Les danseuses de corde ont à peu près adopté le costume des Lacédémoniennes; une gaze légère leur sert de jupe, et les pirouettes sans fin qui soulèvent ce vêtement les font paraître presque nues. Les hommes, avec leur trousse, qui descend à peine à mi-cuise, rendent aussi les spectateurs juges de la beauté de leurs formes.

N° 26.

(Année 1807.) Chaque mouvement trahit une forme : les bras, les épaules, la gorge, les jambes, les pieds sont nus ou le paraissent.

N°s 27 et 28.

(Année 1807.) S'il était possible que la coquetterie se perdît parmi les femmes, on la retrouverait chez les demoiselles de comptoir. Les regards des curieux, qui sans cesse contemplent ces petites ouvrières, donnent aux leurs une hardiesse qui, des yeux, passe dans les discours, et du discours dans les actions.

N°s 29 et 30.

(Année 1807.) Avec quelle ingénieuse coquetterie sont mises ces petites ouvrières! On ne voit ici que des négligés apprêtés. Les grisettes ont un art pour faire valoir des choses très-simples.

N° 31.

(Année 1807.) Faut-il que dans la lanterne magique on ne nous fasse jamais voir que *M. le Soleil, Mme la Lune*, et *le Mitron tirant le diable par la queue*?
La Fontaine désirait qu'on employât la lanterne magique à donner des leçons utiles.

N° 32.

(Année 1807.) Les enfans, les adolescens, les demoiselles de quinze à seize ans, les domestiques, les pauvres hères, présentent au premier de l'an des visages riants et heureux. La moitié du monde devient, à cette époque, tributaire de l'autre.

N° 33.

(Année 1808.) Un seul théâtre est rempli à Paris, et c'est celui où *l'incomparable Ravel* (1), le rival de *l'illustre Forioso* (voyez le N° 25), fait ses exercices sur la corde tendue. En vérité, ce qui est bizarre et ridicule devient si facilement à la mode, que je crains que de l'amour de l'artiste on ne passe à l'amour de l'art, et que nos jeunes Parisiens, peu contents de battre des entrechats sur un parquet, n'aspirent à la gloire de danser sur la corde.

(1) Ce titre d'*incomparable*, Ravel le doit au triomphe qu'il vient d'obtenir sur Forioso, qui lui avait proposé un défi.

N° 34.

(Année 1808.) Le sujet est une scène de *la Marchande de modes*, parodie de *la Vestale*, par M. Jouy. Mlle Julie, apprentie ouvrière en modes, est représentée montant l'escalier de la chambre où elle doit garder les arrêts; ses compagnes viennent de lui chanter :

> Trempe ton pain, Julie,
> Trempe ton pain dans l'eau claire.

Sur l'air de cette chanson que l'on entendait naguère dans toutes les rues :

> Trempe ton pain, Marie,
> Trempe ton pain dans ma sauce.

Parodier c'est, disait le chevalier de Boufflers, *Bâtir une guinguette sur les débris d'un temple*.

N° 35.

(Année 1808.) Le spectacle des chiens continue d'attirer la foule au théâtre Montansier. Il y a long-temps qu'on sait que ces animaux sont capables de beaucoup de choses; mais on ignorait qu'ils fussent susceptibles de devenir de très-bons acteurs, et de figurer au théâtre d'une manière aussi distinguée. Tout se découvre petit à petit. Il n'y a qu'à laisser faire les bêtes.

N°ˢ 36 et 37.

(Année 1809.) Il suffit de jeter un coup-d'œil sur ces gravures, pour voir que l'on pourrait dire, à leur sujet, les plus jolies choses du monde. Une jeune maman, qui à peine paraît avoir atteint son quatrième lustre, uniquement occupée de ses enfants : quel tableau ! Mais aussi que deviendraient les promenades publiques, les bals, si l'on inspirait pareil goût à nos jeunes dames ? et à quoi serviraient les modes, s'il prenait fantaisie aux belles Parisiennes de vivre casanières comme des bourgeoises de Rotterdam ?

N° 38.

(Année 1809.) Jadis, ou plutôt naguère, on ne voyait qu'épaules et bras nus; aujourd'hui, affublées de witzchouras et coiffées de bonnets de poil, nos dames montrent à peine le bout de leur nez.

N° 39.

(Année 1810.) Tout le monde maintenant s'occupe du budget, même ceux qui n'ont ni impôts à payer, ni revenus à percevoir; et les femmes, loin de demeurer étrangères aux questions politiques, font de la lecture des journaux leur occupation favorite.

N° 40.

(Année 1810.) Au moment où une connaissance faite à l'improviste prend le caractère de l'intimité, un jeune homme qui, du même parapluie, abritait, à droite et à gauche, la tante et la nièce, imagine, pour mettre la surveillance en défaut, de rapprocher insiblement et de glisser entre son épaule droite et la tante le parapluie commun.

N° 41.

(Année 1810.) Une demi-élégante, une petite maîtresse manquée, portera, même en négligé, une robe garnie et un chapeau à plumes : une élégante du bon ton met au contraire une robe unie, un chapeau de paille ou une simple cornette; mais tout, dans son ajustement, est de la plus grande fraîcheur.

N° 42.

(Année 1810.) Ce costume, à demi masculin, a quelque chose d'étrange ; et le petit nombre de femmes qui se sont montrées en pantalon sur les boulevards et aux Tuileries, ont été l'objet d'une curiosité si inquiétante, que les *filles* seules ont osé adopter ce vêtement.

N° 43.

(Année 1810.) *La poule* est une contredanse gaie, animée, où l'on s'amuse avec décence, où l'on brille sans prétention.

N° 44.

(Année 1810.) Les femmes ne boivent plus de vin, à cause de la faiblesse de leurs nerfs; mais elles avalent le kirschwaser, le marasquin, le scubac, et toutes les liqueurs des îles : j'ai même vu les fruits à l'eau-de-vie passer par plus d'une jolie bouche.

N° 45.

(Année 1811.) De toutes les pénitences dont les baisers constituent le fond, celle-ci me paraît être la plus à craindre pour les jeunes personnes qui jouent à des jeux de société.

N° 46.

(Année 1811.) Un niais, condamné à faire cette pénitence, baise le dessous d'un chandelier, tandis qu'il pourrait embrasser une dame en tenant un chandelier au-dessus de sa tête.

N° 47.

(Année 1811.) Ce jeune Italien, aux yeux noirs, excelle dans les grimaces terribles. Son genre est le *mélodrame* de la grimace.

N° 48.

(Année 1811.) Au commencement du jeu, tout le monde est *chevalier gentil* ; mais, à chaque mot d'une longue formule qu'un joueur change ou omet, il est forcé d'arborer un cornet de papier, et devient *chevalier cornard*. Pour être débarrassé de ces cornes, il faut donner des gages.

N° 49.

(Année 1811.) Quand on est condamné à faire la statue, on va se placer debout au milieu de la chambre, et chaque personne de la société a le droit de faire prendre à celui qui subit cette pénitence la position qu'elle désire.

N° 50.

(Année 1811.) Jamais les chicorées, les collerettes plissées, les falbalas, ne furent plus en vogue qu'aujourd'hui. L'art du repassage est porté au plus haut point de perfection : aussi n'est-ce plus à Neuilly que nos élégantes envoient leur linge : les mains grossières d'une paysanne déchireraient le frêle tissu qu'elles voudraient blanchir ; il faut la main délicate d'une Parisienne pour toucher le linge fin d'une petite maitresse. On paie six sous pour blanchir une robe, et cinquante pour la repasser.

N°s 51, 52 et 53.

(Année 1811.) Lorsque les modes me paraissent bizarres ou gênantes, je me rappelle qu'il y eut jadis des perruques à marteaux, des habits à grandes manches, des arabesques en broderie, des talons de bois, des paniers énormes, et que tout cela fut trouvé, par nos pères, majestueux ou commode.

N° 54.

(Année 1811.) Lorsqu'on parlait naguère de falbalas, l'esprit se reportait au règne de Louis XV, et la petite-maîtresse souriait en regardant le portrait de sa grand'mère. Patience, mademoiselle; ce qui cause aujourd'hui tant de dédain excitera un peu plus tard votre envie; et ce ne sera pas un falbala, mais plusieurs que vous voudrez porter.

N° 55.

(Année 1812.) Faire rouler sur la corde à demi tendue un morceau de bois taillé en sablier, c'est l'A B C du *jeu du diable*; mais faire tour à tour passer le diable, avec dextérité, de la corde sur les baguettes, des baguettes sur la corde; le faire sauter à 25 pieds au-dessus de sa tête, et le retenir sur la corde au moment où il tombe, voilà le difficile. Les joueurs bien exercés l'envoient dans les airs et le reçoivent, toujours roulant, sur une espèce de fourchette attachée au bout d'un des petits bâtons.

Savoir jouer au diable est une chose indispensable aujourd'hui, et un père qui tient à avoir des enfants bien élevés, doit ajouter à la dépense des maîtres de dessin, de musique, de danse, celle du professeur de diable.

Cet instrument nous est venu d'Angleterre. Des personnes attachées à l'ambassade de lord Macartney l'avaient vu en Chine, et l'ont imité à leur retour. Son ronflement, qui s'entend de loin, est un des expédients qu'emploient, pour appeler les acheteurs, les marchands ambulants à qui la police ne permet pas de crier sa marchandise.

N° 56.

(Année 1812.) Un casuiste rigoureux trouverait peut-être quelque chose à reprendre dans ce corsage qui, tenant à peine sur les épaules, découvre une partie de l'estomac, et semble à chaque instant prêt à se détacher pour le montrer tout entier.

N° 57.

(Année 1813.) L'habit de nos jeunes gens a tout au plus la longueur d'une veste ; leur redingotte est au contraire longue, lourde et gênante; elle traîne à terre comme une robe de chambre; ils balaient les rues en marchant, et se retroussent comme des femmes pour passer un ruisseau. Il n'en coûterait pourtant pas beaucoup pour rendre leur costume raisonnable ; ce serait de donner à l'habit ce qu'on met de trop à la redingotte.

N° 58.

(Année 1813.) Rien de plus léger, de plus moelleux et de plus chaud qu'un schall de cachemire : les dames s'en sont dégoûtées, et ont pris de pesantes redingottes de drap.

N°s 59 et 60.

(Année 1813.) La coiffure n'étant qu'un accessoire, sa hauteur ne devrait jamais égaler la longueur du visage. Il y a déjà plusieurs mois que ce principe est méconnu: chaque jour la mode des coiffures hautes fait de nouveaux progrès; et nos dames, quand elles font quelque course en voiture, sont, comme les Cauchoises, obligées de mettre leur chapeau sur leurs genoux.

N° 61.

(Année 1813.) Un vieux petit-maître et une jeune élégante ont été surpris dans une plaine par un orage épouvantable; ils se sauvent, se défendent le visage de la grêle par une ombrelle : le monsieur, fort galant (c'est sans doute dans le commencement d'une passion), a quitté son habit et l'a mis sur les épaules de madame, qui a aussi sur la tête le chapeau de monsieur; tandis que monsieur a dans son mouchoir la capote de notre merveilleuse, et sous son bras le petit chien noir, au collier rouge avec les grelots. Quelle folie ! Le preux chevalier est tout trempé; il gèle, il fait une grimace horrible..... Et la dame, l'ingrate, la friponne, rit aux éclats de l'aventure.

N° 62.

(Année 1813.) Voulez-vous, tendres époux, guérir vos femmes des maux de nerfs? Laissez-les dépenser comme elles voudront ; chargez-vous seulement d'acquitter les mémoires.

N° 63.

(Année 1814.) La Chine ne nous envoie pas de dessins de ses modes, et sans cesse les modes chinoises se renouvellent à Paris. On a recours aux vieux paravents, aux vieux écrans, aux vieilles tapisseries et aux magots qui étaient si communs, il y a un demi-siècle, sur les cheminées de la capitale.

Dans un moment de gaîté, un dessinateur a fait de ces magots trois artistes qui rivalisent de zèle et d'empressement pour transformer en Chinoise une belle Parisienne : l'un donne du jeu à quelques mèches de cheveux, l'autre essaie une paire de babouches, et le troisième présente la tunique à clochettes.

N° 64.

(Année 1814.) La coiffure *à la chinoise* constitue définitivement la grande toilette. Qu'on se figure tous les cheveux, depuis le front jusqu'à la nuque, rassemblés sur le sommet de la tête, puis tordus et liés fortement : la vue seule de cette coiffure, qui n'a rien d'ailleurs de très-agréable, inspire un sentiment triste, par l'idée des souffrances qu'elle doit causer ; cependant toutes nos belles l'ont adoptée ; elles en supportent les inconvénients avec intrépidité. Il n'y a que les petites filles, qui ont plus de franchise que d'amour-propre, que l'on voit pleurer quand l'artiste les coiffe à la chinoise ; mais la maman les console en leur répétant ce vieux proverbe : *Mademoiselle, il faut souffrir quand on veut être belle.*

N° 65.

(Année 1814.) On se met à genoux dos à dos avec une dame : la dame tourne la tête à droite, et le cavalier, penchant la sienne sur l'épaule gauche, va cueillir le baiser qu'on lui offre, en ployant son corps de manière que ses genoux ne changent pas de place.

N° 66.

(Année 1814.) On a bandé les yeux au colin-maillard ; tout le monde a changé de place ; il s'assied sur les genoux de la première personne qu'il rencontre. Là, sans porter les mains ni sur les vêtements ni sur aucune partie du corps, mais seulement par la douce pression qu'il exerce, il faut qu'il nomme la personne qui lui sert de siège.

N° 67.

(Année 1814.) Celui qui doit faire cette pénitence reçoit sur son dos, ayant les mains posées par terre, la dame avec laquelle on lui a indiqué de faire *le pont d'amour*. Il la porte ainsi autour du cercle, et doit s'arrêter devant tous les cavaliers, pour qu'ils usent du droit que le jeu leur donne d'embrasser la voyageuse.

N°ˢ 68 et 69.

(Année 1814.) Pendant un séjour fait récemment en Angleterre, M. J.-B. Say a remarqué combien l'interruption des communications avec le continent y avait corrompu le goût dans les manufactures qui tiennent aux arts du dessin. Une foule d'insulaires des deux sexes est venue à Paris confirmer le jugement de ce savant observateur par la caricature de leurs vêtements.

N° 70.

(Année 1814.) Si l'on ne voyait qu'un de ces Anglais avec un pantalon sur des bottes, on serait tenté de croire qu'il a perdu la tête ou la mémoire; mais, parmi ces messieurs, c'est une mode générale.

N° 71.

(Année 1814.) Nos artistes sont aussi galants que nos poètes, et, comparant les femmes aux roses, ils ne les entourent que de corbeilles. Entrez dans la chambre d'une femme à la mode: sur sa cheminée ou sur une console, vous verrez des corbeilles de fleurs. Un sultan, espèce de corbeille oblongue, renferme le linge et les schalls de la belle, et souvent le bois de son lit représente une corbeille. Cette forme de grands et petits meubles, si souvent reproduite, a donné l'idée de la *corbeille vivante*.

N° 72.

(Année 1814.) Le vêtement sous lequel nous voyons paraître les dames anglaises, semble fait exprès pour trahir la disgrâce assez ordinaire de leur maintien.

N° 73.

(Année 1814.) A lui seul ce petit-maître occupe six chaises, et sans avoir égard à l'affluence des promeneurs, il allonge d'un côté une botte armée d'un éperon, et de l'autre agite sa cravache.

C'est ici le lieu de signaler quelques autres traits d'incivilité non moins choquants.

Quand la saison permet que sur son habit on porte une houpelande, il est reçu qu'au théâtre on ôte celle-ci, et qu'on la place pliée en quatre sur la portion de banquette que l'on doit occuper, comme si tous les spectateurs avaient, pour s'exhausser, la même ressource, ou s'ils avaient fait preuve d'incivilité pareille.

Il m'arrive souvent d'entrer dans un café pour y lire les papiers publics; mais quelque heure que je choisisse, qu'il y ait beaucoup de monde ou un seul lecteur, je me trouve presque toujours désappointé; tel a, en entrant accaparé cinq à six journaux, dont il ne se dessaisit que pour des habitués.

Si l'on doit tirer un feu d'artifice dans un jardin public, dès que les premières fusées partent, les femmes, comme de grands enfants, montent sur des chaises et forment une muraille vivante.

L'homme poli, un jour d'affluence à la porte d'un spectacle, court risque de n'être point placé, lors même qu'il avoisine le guichet, si, brusquement, il n'allonge la main devant ceux qui le précèdent pour déposer l'argent de son billet. J'ai vu des hommes, dont le costume annonçait l'opulence, se présenter comme des garçons bouchers, semer la terreur sur leurs pas, et monter, pour ainsi dire, à l'assaut du guichet.

N° 74.

(Année 1815.) La petitesse des chapeaux des dames anglaises; la longueur démesurée de leurs corsets et la coupe mesquine de leurs robes, contrastent assez avec le costume de nos Parisiennes, pour que le peintre, en mettant ces dames en parallèle ait trouvé une caricature toute faite.

N° 75.

(Année 1815.) On aperçoit dans le fond de ces modes anglaises quelques emprunts faits à l'Espagne avec toute la gaucherie nationale.

N° 76.

(Année 1818.) Autrefois les femmes commençaient à se croire sur leur retour entre le huitième et le dixième lustre, plus tôt ou plus tard. selon la dose d'amour-propre dont elles étaient pourvues, ou les accidents qui avaient effacé la fraîcheur du bel âge : alors la simplicité du costume remplaçait l'étalage des frivolités, les hautes coiffures tombaient, les vastes paniers décroissaient, les fichus se rabattaient au niveau de la vérité; on composait son maintien, son air et sa conduite; tout enfin annonçait le pénible jugement que portaient sur elles-mêmes celles qui mettaient leur toilette à la réforme, Sous ce rapport, comme sous beaucoup d'autres, nous ne sommes plus, grâces au ciel, dans le siècle des aveux ; les femmes semblent avoir juré de mentir la jeunesse jusqu'à leur dernière heure.

N° 77.

(Année 1818.) On demande pourquoi les jeunes gens ne respectent pas les vieillards? Rien de plus simple : par les manières et le costume, les vieillards se rapprochent des jeunes gens; et il n'y a pas de gêne entre gens du même âge.

N° 78.

(Année 1818.) La ridicule profusion de toute espèce de fleurs sur la robe et sur les cheveux de nos dames, a donné l'idée de ce costume.

N° 79.

(Année 1818.) L'espoir du lot le plus riche, les divers sentiments de peine et de plaisir pendant le temps que tourne la fatale aiguille, sont propres à donner un passe-temps agréable à la jeunesse.

Mes enfants, puissiez-vous dans le cours de la vie,
Ne connaître jamais de pire loterie!

N° 80.

(Année 1815.) A ce jeu, comme dans la société, peu d'amies se dévouent pour sauver leur amie ou partager son infortune.

N° 81.

(Année 1815.) Il me vient une idée en contemplant cette marchande à la toilette, qui fait admirer à une femme indécise une élégante garniture de robe; je la compare au chirugien qui, avant de vous percer la veine, passe long-temps la main sur votre bras pour l'endormir : les marchandes, pour tirer l'argent de votre bourse, endorment aussi votre intérêt à force de persévérance et de discours.

N° 82.

(Année 1815.) Deux courtisannes tendent ici leurs filets : que ne peut-on faire entendre au jeune étranger qui les regarde ces paroles pleines de sens du facétieux Beffroy de Regny! « Si l'on me disait : cherchez quelque manière de dépenser votre argent qui soit à la fois ridicule, honteuse et extravagante, je ne le jouerais pas, je ne soudoierais pas des mains gagées pour les forfaits, je ne le placerais point chez un emprunteur débauché, je ne le jetterais point par les fenêtres; je dirais seulement : *Entretenons* une fille; et voilà sans contredit l'intention du fondateur remplie. »

(*Lunes du Cousin Jacques.*)

N° 83.

(Année 1815.) Le costume de l'une de ces Anglaises est mitigé, et l'on voit quel heureux changement résulte de cette légère imitation des modes françaises.

N° 84.

(Année 1815.) Je passais dernièrement sur le quai : une vieille femme couverte de lambeaux, et pâlie par la faim, implorait la pitié d'une voix timide; elle hésitait, n'osait même attendre l'aumône, et s'éloignait en suppliant encore; mais on passait à côté d'elle sans la regarder.

Plus loin, un petit Savoyard, par les mouvemens cadencés de son genou, faisait danser des marionettes. Ce trémoussement grotesque produisait un grand effet : l'enfant ne demandait pas; chacun lui donnait. Il n'est donc que trop vrai qu'il faut plaire pour réclamer la bienfaisance!

N° 85.

(Année 1815.) Les joueurs d'orgues partatifs font entendre sur les boulevarts les plus jolies romances, souvent même ils jouent des ouvertures; mais tout leur auditoire n'est pas sensible à la musique. Pour obtenir un succès populaire, l'un d'eux a imaginé de faire tourner par un chien la manivelle d'un rouet, et les pièces de monnaie pleuvent dans sa sébile.

N° 86.

(Année 1815.) Ce troubadour agite en mesure la tête, les coudes et les genoux, pour faire resonner à la fois une flûte de Pan, une grosse caisse, une mandoline, un triangle et le triple rang de sonnettes groupées sur le plumet de sa toque. L'instrument dans lequel il excelle est la mandoline, qu'il accompagne de sa voix.

N° 87.

(Année 1816.) Un de ces jongleurs fait tourner sans interruption deux larges anneaux autour de ses pouces et deux anneaux pareils autour de ses orteils; il défile en même temps un chapelet d'une vingtaine de perles, qu'il met dans sa bouche, et dont le fil pend à la vue des spectateurs. Pendant qu'il les enfile avec sa langue, et qu'on les voit descendre l'une après l'autre, il tient une cravache en équilibre entre ses deux yeux.

N° 88.

(Année 1816.) Le sabre, qu'un de ces jongleurs avale, a un pouce de large et dix-huit de long. Ce tour, ou plutôt cette expérience, que l'on voit exécuter avec une surprise et un effroi toujours nouveau, est une preuve de la puisssance d'une longue habitude.

Le camarade qui tient un sabre pareil, pour en faire voir la dimension, a, près de lui, quatre balles de cuivre doré de la grosseur d'une orange : tantôt accroupi, tantôt couché, il les jette en l'air dans toutes les directions, et, les recevant tour à tour, décrit des figures si variées, que l'œil trompé par la vitesse, croit voir des gerbes, des spirales ou des cercles d'or. Cet homme n'a que deux mains, et il fait des choses qui semblent en exiger quatre.

Les deux petits vases de cuivre, que l'on voit entre les jambes du troisième jongleur, produisent, quand on les choque l'un contre l'autre (*planche* 87), des sons aigus, qui cependant ne sont pas désagréables.

N° 89.

(Année 1816.) Ce jeu inventé pour les enfants, peut amuser de grandes personnes, surtout si l'on se doute de quelques liaisons ou de quelques intrigues qui puissent embarrasser ceux ou celles qu'on interroge.

On appelle ce jeu *la maîtresse de pension*. Ici, c'est la maîtresse d'un magasin de lingerie.

N° 90.

(Année 1816.) On ne sait lequel on doit le plus admirer de la justesse du coup-d'œil de ce *bâtoniste* ou de l'agilité de son poignet. Sa femme est agenouillée, portant sur le bout de son nez une très-petite pièce de monnaie; le bâtonniste, après avoir fait faire pendant une ou deux minutes le moulinet à son bâton, emporte la pièce sans effleurer le nez.

Le but de ce spectacle est de réunir une société d'amateurs à laquelle on veut faire une confidence. Pour la modique somme de 2 sous vous avez un cure-dent, un cure-oreille, un étui, et trois *bons* numéros pour la loterie.

N° 91.

(Année 1816.) Après avoir fait ce tour d'équilibre, Mme *Herculanus* attache à ses cheveux deux ancres de vaisseau en guise de papillottes, et soulève avec ses mains une enclume, comme nous ramasserions une épingle.

N° 92.

(Année 1816.) Ce joueur de baguettes les jette en l'air après le avoir fait pirouetter, les ressaisit, les rechasse par-derrière, par-dessous sa jambe, puis recommence à battre la caisse.

(19)

N° 93.

(Année 1816.) *Jacques de Falaise* avale des noix, un fourneau de pipe, trois cartes roulées ensemble, une rose avec ses feuilles, sa tige et même ses épines, un moineau vivant, une souris vivante, enfin une petite anguille aussi vivante : puis, à l'instar de l'un des jongleurs indiens, il fait descendre dans son gosier douze ou treize pouces d'une lame d'acier poli. Après chaque corps solide qu'il a avalé, Jacques boit assez précipitamment une petite dose, toujours à peu près la même, d'un vin que l'on dit préparé. Voilà quinze jours qu'il est chaque soir à ce bizarre régime. Jusque-là il s'était borné à étonner ses camarades de cabaret et à leur gagner, de loin en loin, quelques bouteilles de vin, pour avoir fait ses prouesses. Son nouveau métier lui semble très préférable à celui de plâtrier; il parle des carrières de Montmartre, où il a travaillé trente-cinq ans, en homme bien décidé à n'y pas retourner, et qui n'a d'autre regret que d'avoir méconnu si longtemps les grandes vues que la Providence avait sur lui.

N° 94.

(Année 1816.) Que donne-t-on en général à sa future le jour des accords? Une corbeille remplie de dentelles, de bijoux, de diamants et autres choses agréables, mais futiles. Ces cadeaux ruinent; et tel époux qui a commencé par donner des cachemires à sa femme, n'a souvent pas de quoi lui acheter des chemises.

N° 95.

(Année 1816.) Après avoir imprimé à ses immenses lunettes le mouvement du balancier, en tordant le nez, ce vieillard embouche la sarbacane, joue du violon, et fait des grimaces en même-temps. Les contorsions du grimacier italien (voyez le n° 47) ont quelque chose de plus mordant, de plus caustique : la folie de notre vieillard est plus aimable; il dépopile la rate et ne serre jamais le cœur. Au reste, je le vois depuis trente ans faire la grimace à Paris : c'est pour moi une vieille admiration.

N° 96.

(Année 1816.) Celui qui bat des entrechats, ayant les pieds en l'air, est le joueur de baguette que l'on a vu sur la planche 92.

N° 97.

(Année 1816.) Les prétendues *Montagnes Russes* sont formées de quelques planches où l'on a pratiqué des coulisses pour assurer et diriger le marche des voitures mobiles qui doivent les parcourir. Comme les bords des coulisses sont très peu saillants et à peine remarqués, que la pente est fort raide et le mouvement très rapide, les voyageurs inspirent toujours une vague inquiétude à ceux qui s'empressent à les voir. Six traineaux, descendant à la fois deux montagnes, font un bruit qui retentit dans tout le jardin. On parvient au sommet de ces montagnes par un escalier en bois : c'est là que, sous un dôme, autour d'une ballustrade dont la modeste enceinte est de douze à quinze pieds, on voit se presser tous ceux qui aspirent à la gloire de *glisser*.

Le Français est tellement dans son centre au milieu de l'agitation et du bruit, que la joie se peint sur tous les visages

N° 98.

(Année 1816.) Comme tout se perfectionne malgré les declamations de quelques misantropes ! Si l'on vous avait dit autrefois : « Voulez-vous passer une soirée dans des salons éblouissants par le « double éclat des dorures et des lumières que répéteront mille glaces officieuses ? voulez- « vous voir un luxe asiatique prodigué pour élever un trône digne de la souveraine de ce « séjour enchanté ? voulez-vous admirer enfin un de ces palais fantastiques que la brillante « imagination de l'auteur des *Mille et une Nuits* avait seul construits ? » à coup sûr vous auriez demandé chez quel prince ou chez quel fermier-général on voulait vous conduire. Eh bien ? le séjour où se déploient tous ces prodiges est ouvert à tout le monde. L'accès de ce temple de la féerie est ouvert à quiconque peut payer une bavaroise ou bol de punch ; et c'est un cafetier

Qui fit naître à sa voix ces pompeuses merveilles.

C'est là que la belle Limonadière, placée sur un fauteuil dont les arts ont fait un trône (1), domine sur la cour nombreuse des consommateurs qui viennent chaque soir acheter le plaisir de la contempler.

---

(1) Ce fauteuil fut réellement un trône en Italie, il y a quelques années, et coûta douze mille francs. Il a passé, moyennant quatre milles, d'un café dans un palais.

N° 99.

(Année 1816.) Dans le *Prospectus des Montagnes Russes*, chanson de M. Ourry, nous avons remarqué le couplet suivant :

Air *du Ballet des Pierrots*.

Des fiacres c'est la providence ;
Ils ont retrouvé leurs beaux jours :
Ils voiturent ici l'enfance ;
L'âge mûr, l'âge des amours.
C'est un flot qui vers nous s'écoule
Que ce bon peuple parisien.
Comme on le roule, roule, roule,
Comme on le roule, roule bien !

N° 100.

(Année 1817.) *Munito* porte le nom du village où il est né, à un quart de lieue de Milan.

Ce merveilleux barbet entend l'Italien et le Français, sait lire, calculer et jouer au domino Tous les soirs on voit des équipages s'arrêter à sa porte.

Munito a, sur les talents de société, l'avantage de ne se faire jamais prier.

A peine lui a-t-on demandé une carte, qu'il va en faire la recherche parmi celles qui couvrent un cercle tracé sur le parquet, et l'apporte.

Les mots qu'on écrit sur une ardoise, il les forme, l'instant d'après, en allant chercher une à une les lettres dont ces mots sont composés.

Il n'est pas moins expéditif en opérant avec des chiffres, et résout toutes les questions qu'on lui propose sur les trois premières règles de l'arithmétique.

Mais voici ce que certains épilogueurs prétendent avoir découvert. *Munito*, en circulant autour de la jambe de son maître, examine vis-à-vis de quel chiffre, de quelle carte se trouvent alternativement placées la pointe du pied et la petite boucle qui attache le soulier sur le côté.

N° 101.

(Année 1817.) Les *Montagnes Russes* de la salle de l'Odéon sont des montagnes plébéiennes, comparées à celles de la barrière du Roule ; mais il y a encore de quoi contenter les amateurs de chutes ; et la facilité de garder sous le masque un profond *incognito* encourage les plus timides à se livrer à un jeu qui paraît être une espèce de fureur.

Ces montagnes laissent une place pour la danse. On voit que, dans les bals masqués, le costume des dames de la halle et celui des élégantes Bernoises sont toujours à la mode.

N° 102.

(Année 1817.) Partout ailleurs qu'à Paris les entrepreneurs des *Promenades Aériennes* auraient joué un jeu à se ruiner: leur établissement est gigantesque. La plate-forme du pavillon d'où les chars se précipitent à 63 pieds au-dessus du sol; des deux côtés partent des rampes en fer à cheval chacune de 400 pieds de développement, et qui viennent se réunir au pied d'une troisième rampe droite et beaucoup plus rapide, dont le sommet s'appuie au troisième côté de la plate-forme du pavillon. C'est par cette troisième rampe que les chars remontent, chargés de leur voyageurs, en s'accrochant aux anneaux de chapelets mis en mouvement par une roue à manège, attelée de quatre chevaux. Ce manège occupe la partie inférieure du pavillon.

Les rampes circulaires, assez larges pour la voie de trois chars, avant que de l'une des voies on eût fait une galerie pour les curieux, sont évidées dans leur hauteur par un, deux ou trois rangs d'arcades semblables à celles des aqueducs.

Une course se compose de trois ascensions et de trois glissades. En une minute on a parcouru 600 toises, et, si le jeu plaît, on peut, sans quitter le char, se faire reporter à la rampe montante, et continuer ainsi toute une journée sa promenade aérienne.

Outre le caractère de grandiose qu'on ne peut trop faire remarquer, l'exécution des *Montagnes Aériennes* mérite qu'on s'occupe des détails. La charpente en est admirable, la menuiserie si parfaite, qu'on la croirait exécutée par des ébénistes; et les chars ont un avant-train qui est un chef-d'œuvre de serrurerie.

Un café occupe douze arcades sous la montagne du milieu; les domestiques qui en font le service sont uniformément vêtus.

N° 103.

(Année 1817.) Une femme s'est mis dans la tête qu'elle devait paraître dans une assemblée avec une certaine parure; dès ce moment, sa couturière, sa marchande de modes, son coiffeur et ses femmes de chambre n'ont plus de repos. « Pour qu'un homme vive délicieusement, a dit Montesquieu, il faut que cent autres travaillent sans relâche. »

N° 104.

(Année 1817.) Couchée sur un lit de sangle, la tête sur un oreiller garni, cette jeune personne a pour coiffure une cornette dont la valeur surpasse celle d'un bonnet paré. Deux cartons à chapeaux l'un sur l'autre tiennent lieu de *somno* ou table de nuit, et, en place de chandelier, c'est un vase de porcelaine ébréché.

On aperçoit sous le lit des souliers, couleur de rose, en pantoufles.

Le dossier d'une des chaises est à demi brisé; c'est là qu'est accroché le chapeau à fleurs. L'autre chaise renversée sert de support à la robe garnie de bouillons; et le schall à palmes empêche le vent de pénétrer par le bas de la croisée.

Une grande capitale peut seule offrir de ces contrastes.

N° 105.

(Année 1817.) M. Beauchêne, médecin, auteur d'un recueil de *Maximes, Réflexions et Pensées diverses*, « imprimé en 1818, dit des montagnes artificielles : « La mode y a élevé son temple. C'est aux « femmes qu'elle a confié le soin de son culte, et permis d'en révéler les mystères. C'est là « que, bravant la rigueur des saisons, l'intempérie de l'air, elles défient le léger zéphyr de « les suivre dans la rapidité d'un entraînement si différent des doux mouvements que la nature « leur inspire, et si peu propre à leur donner l'idée de la retenue, qui pourtant sied si bien « à leur sexe. »

Cinq chars peuvent rouler de front sur la montagne de Belleville; une chaîne les remonte par une galerie latérale depuis le point de l'arrivée jusqu'à celui du départ. La distance d'un but à l'autre est de six cents pieds, et l'on franchit cet espace en neuf ou dix secondes.

N° 106.

(Année 1818.) Azor, le gentil épagneul, avec son grelot noué d'une faveur rose, est placé vis-à-vis de la dame; il croque dans le moment une aile de poulet, tandis que, reléguée dans un coin, la demoiselle de la maison, qui tient une assiette sur ses genoux, mange un hareng.

N° 107.

(Année 1818.) Le grand point est de savoir si, avec avec le chapeau que la marchande de modes vient d'apporter, on mettra la robe à simple garniture de gaze, ou celle qui est ornée de fleurs.

N°s 108 et 109.

(Année 1818.) Une robe qui descend à mi-jambe, permet aux petites filles de courir et de folâtrer; et pour joindre la décence à la commodité, elles portent un pantalon jusqu'à ce qu'elles aient atteint l'âge de dix à onze ans.

Le même système d'aisance et de simplicité préside à la toilette des petits garçons; et soit que leur costume retrace les modes polonaises ou turques, il est toujours favorable à la course.

(24)

N° 110.

(Année 1819.) Adopté par les Parisiens, le *jeu créole* ou de *bague volante* ne pouvait manquer d'être embelli : ils ont d'abord recouvert d'un ruban le jonc qui forme la bague, puis placé sur le cercle autant de rosettes qu'il y avait de grelots.

N° 111.

(Année 1819.) Pour se faire une taille mince, il y a des jeunes gens qui, comme les femmes, mettent aujourd'hui des corsets.

N° 112.

(Année 1819.) Comme l'emprunt s'est borné aux vêtements, et que les tournures restent, personne n'a garde de prendre une Anglaise pour une Française, et une Française pour une Anglaise.

N° 113.

(Année 1820.) Longchamp est une époque remarquable pour toutes les personnes qui s'occupent de modes ; là, paraissent les nouvelles formes d'habits, de chapeaux, de robes, de voiture, etc.; et lors même que cette réunion ne serait pas agréable, son utilité devrait la rendre à jamais chère aux Parisiens.

N° 114.

(Année 1821.) Ce n'est point comme dans le n° 104, le luxe allié à l'indigence ; mais les contrastes ne sont pas moins frappants. Pour écrire, cette petite dame a pris la table qui renferme le vase de nuit ; un oreiller lui sert de marche-pied ; elle n'est frisée que d'un côté ; de l'autre, on voit des papillottes. Sur la table à thé, un tour de cheveux se trouve à côté d'un cornet de dragées. Le verre qui couvre une belle pendule a des fêlures recouvertes d'un papier bleu. Sa guitare est sur le parquet ; on y voit aussi un soulier et un gant. Le chien déchire une collerette ; et le chat est couché sur une magifique robe de bal.

N° 115.

(Année 1822.) Petits soins, protestations d'amour, plan d'un heureux avenir ; voilà le premier mois de mariage, ou, comme disent les Orientaux, *la Lune de miel*.

FIN.

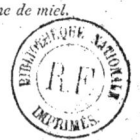

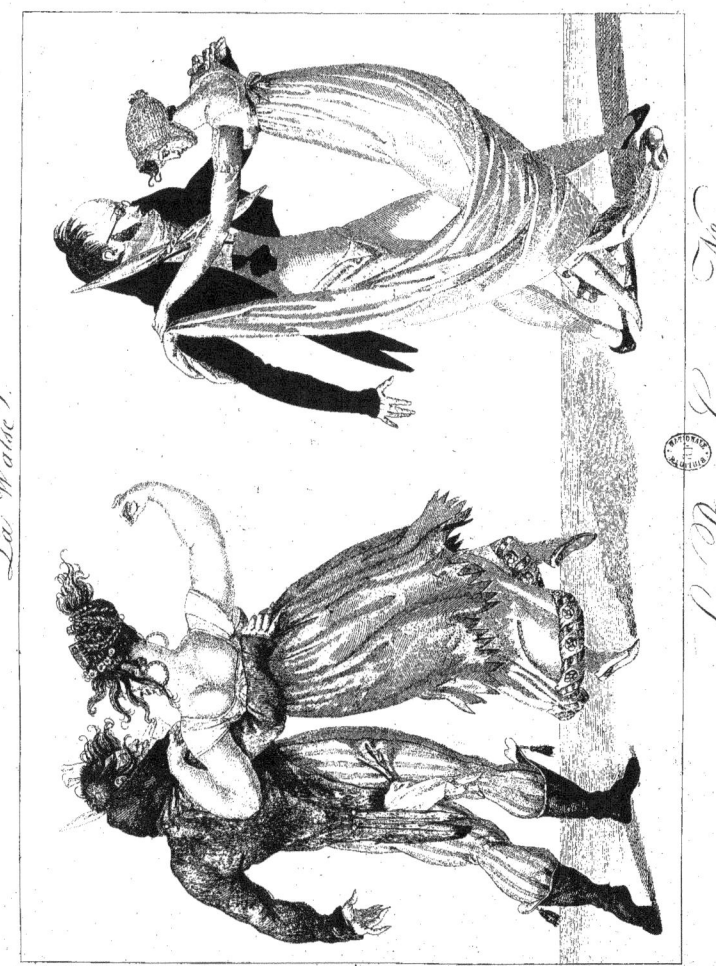

L'embarras des Queues?

Le Bon Genre, N°. 2.

Déposé à la Biblioth. Nale.

Rue Montmartre, N°. 52.

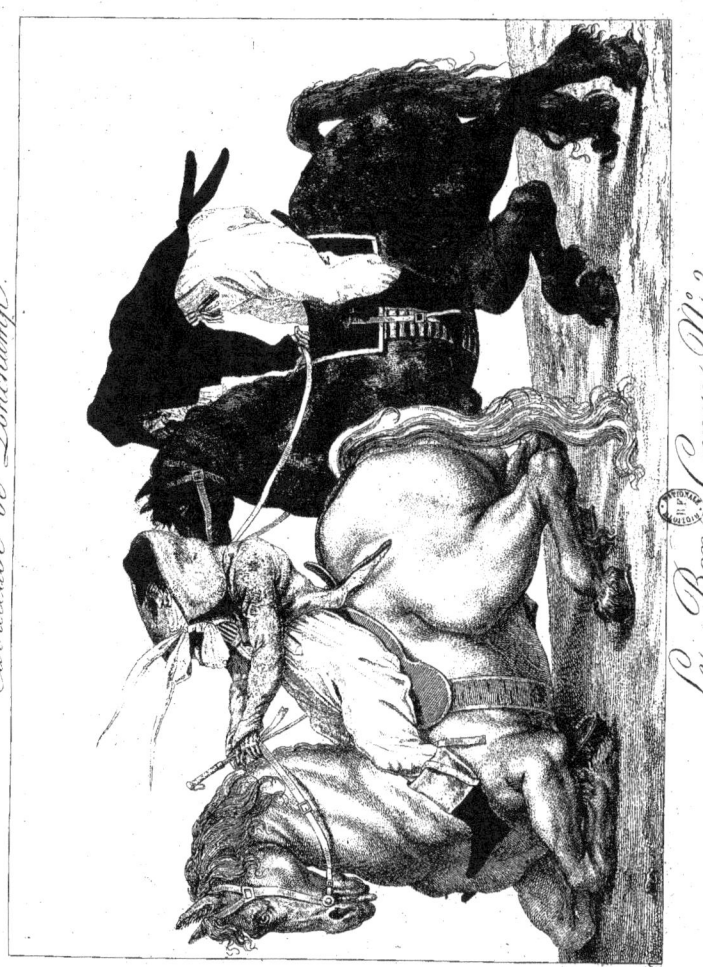

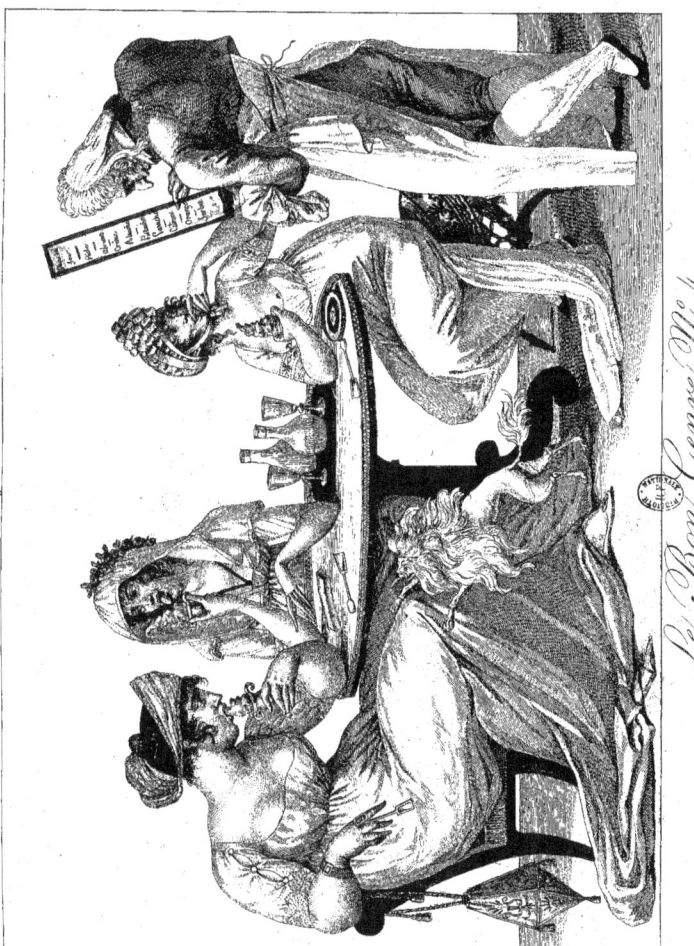

Les Glaces.

Le Bon Genre, N.º 4.

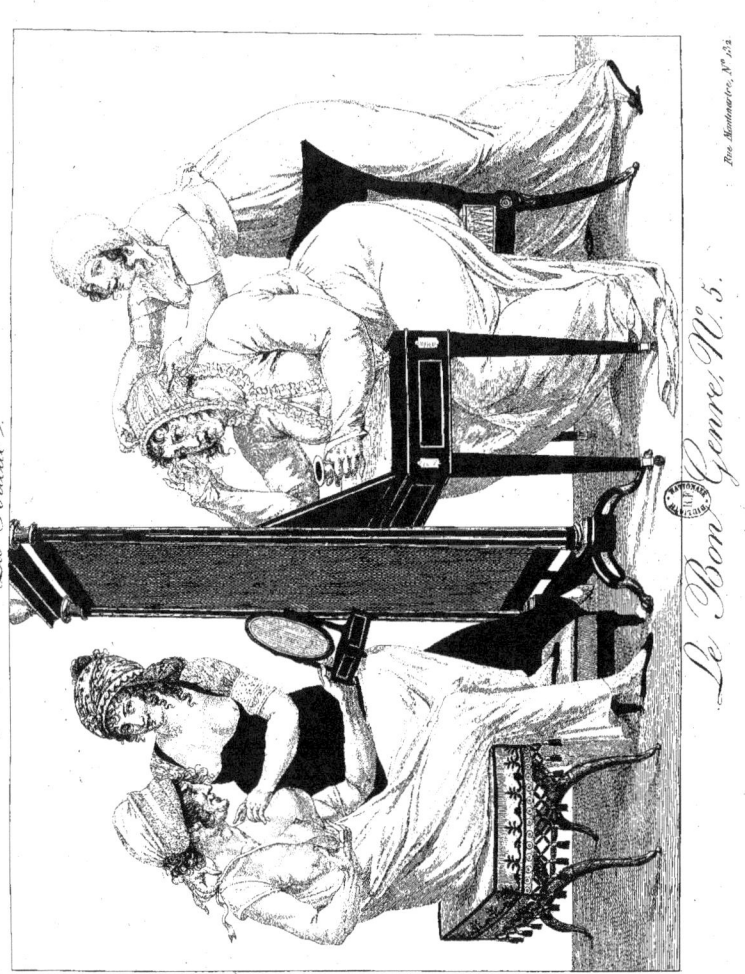

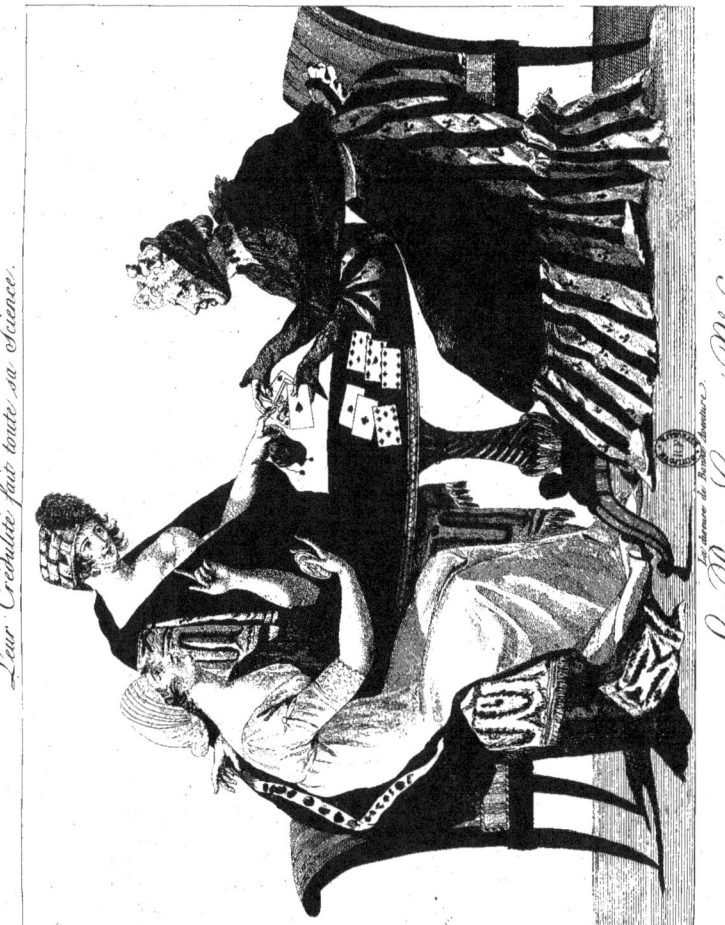

Leur Crédulité fait toute sa Science.

Le Bon Genre, N.º 6.

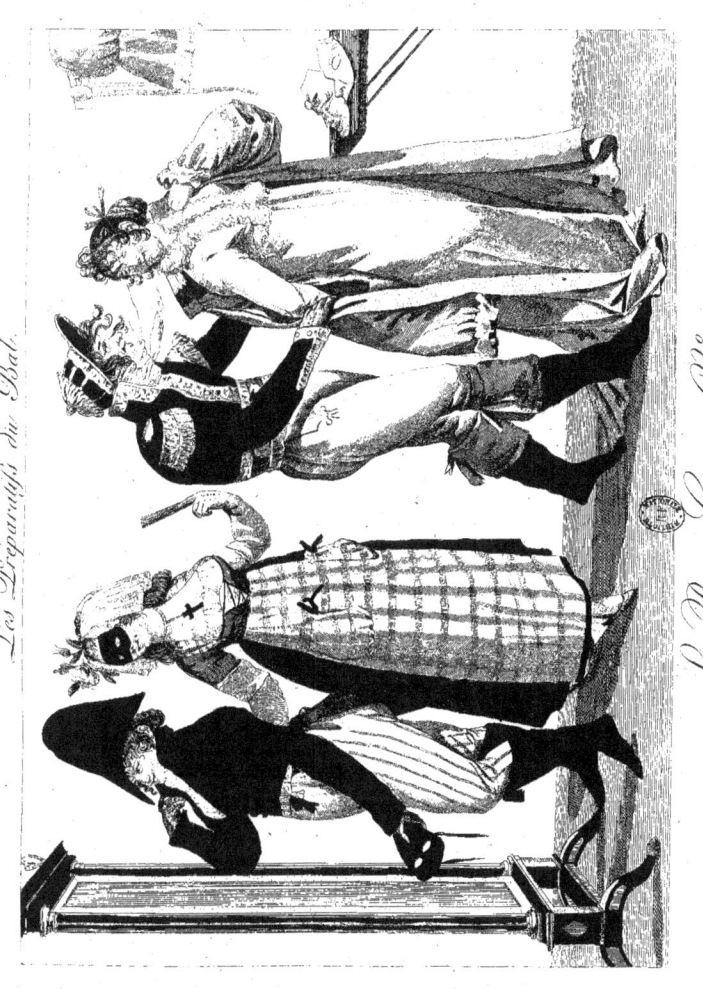

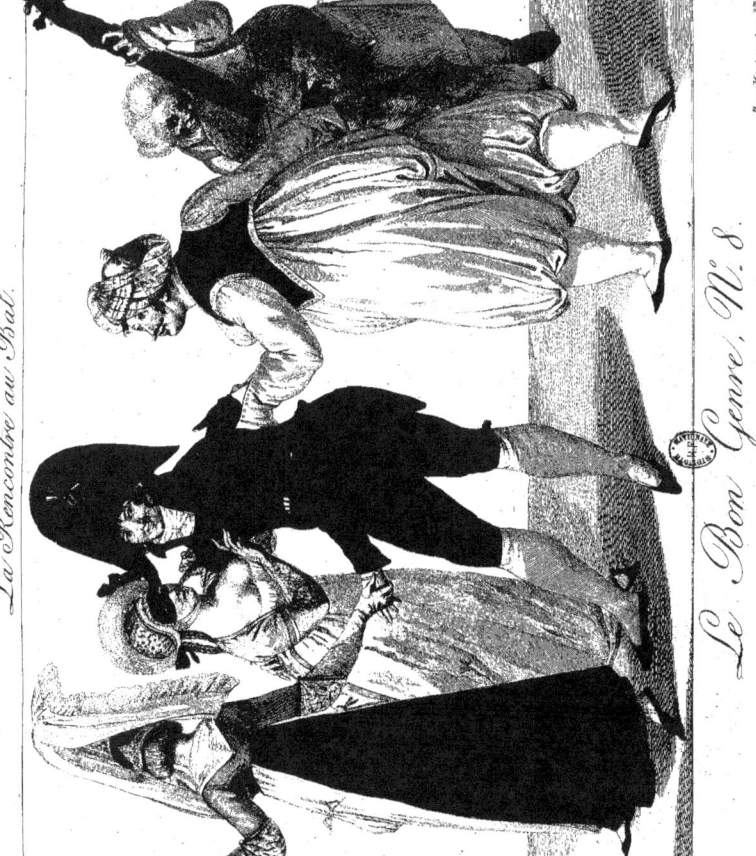

La Rencontre au Bal.

Le Bon Genre, N.º 8.

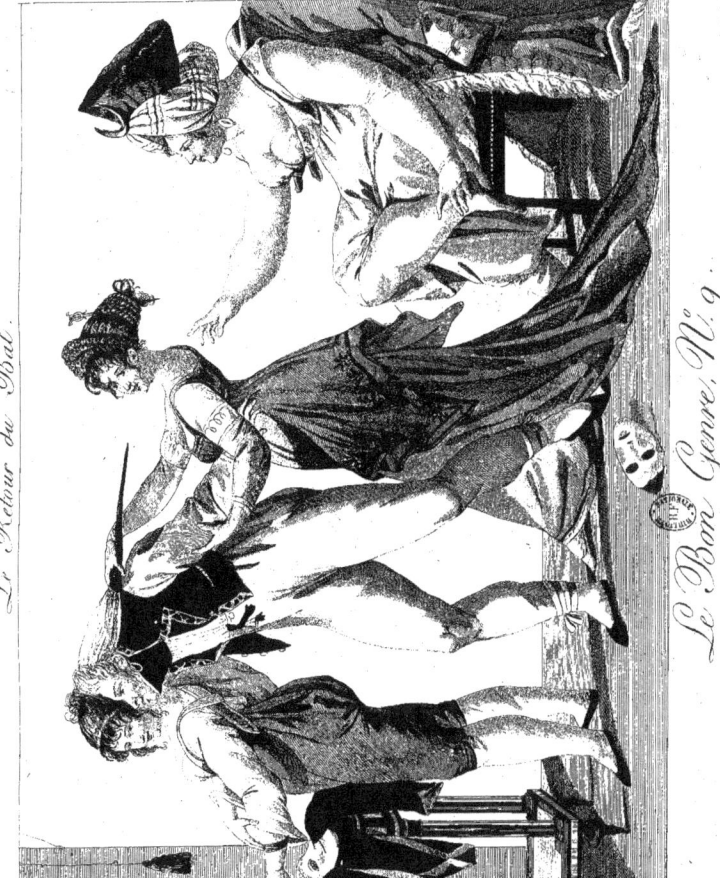

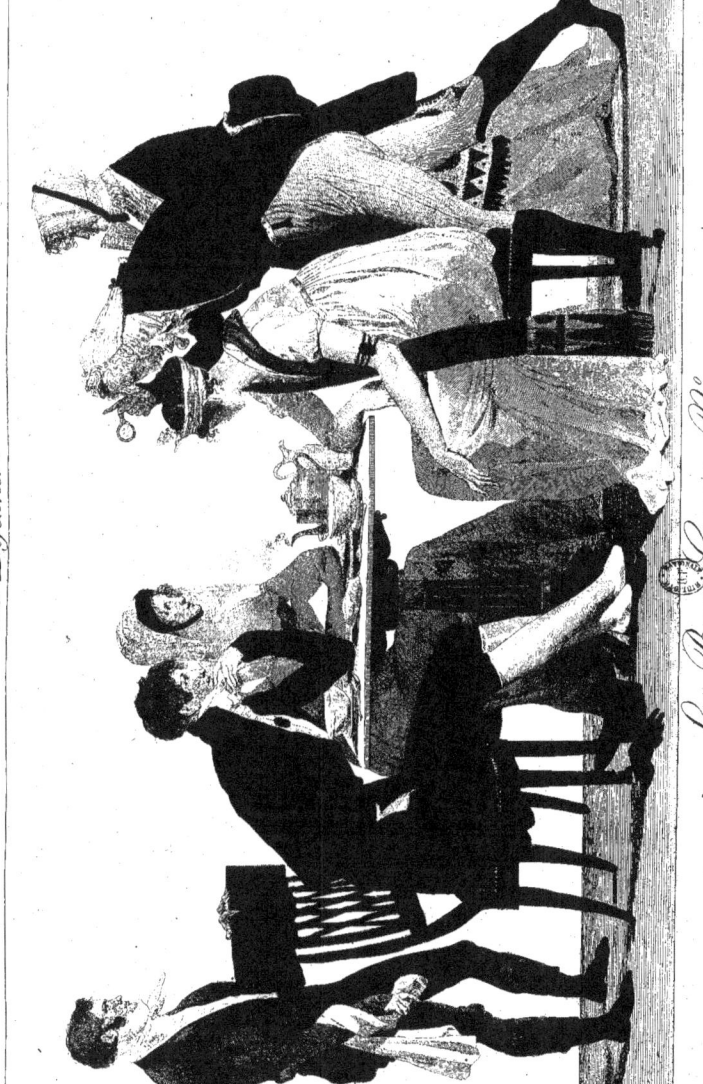

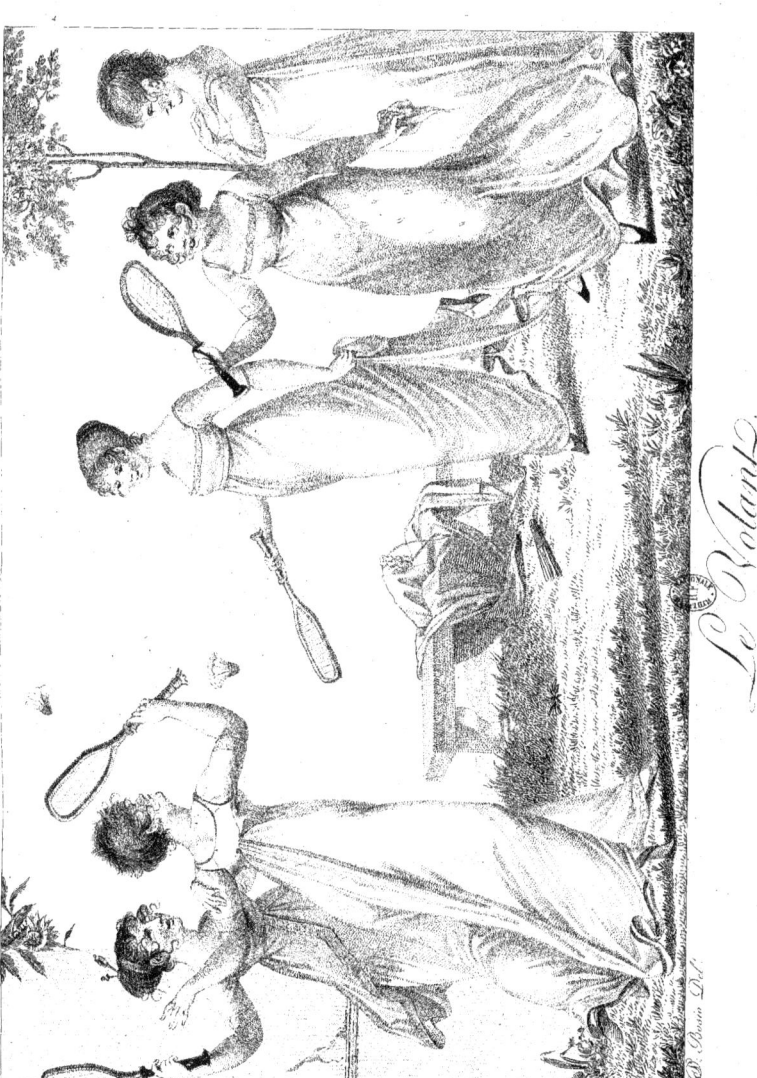

Le Bon Genre, N.° 11.

Le Volant.

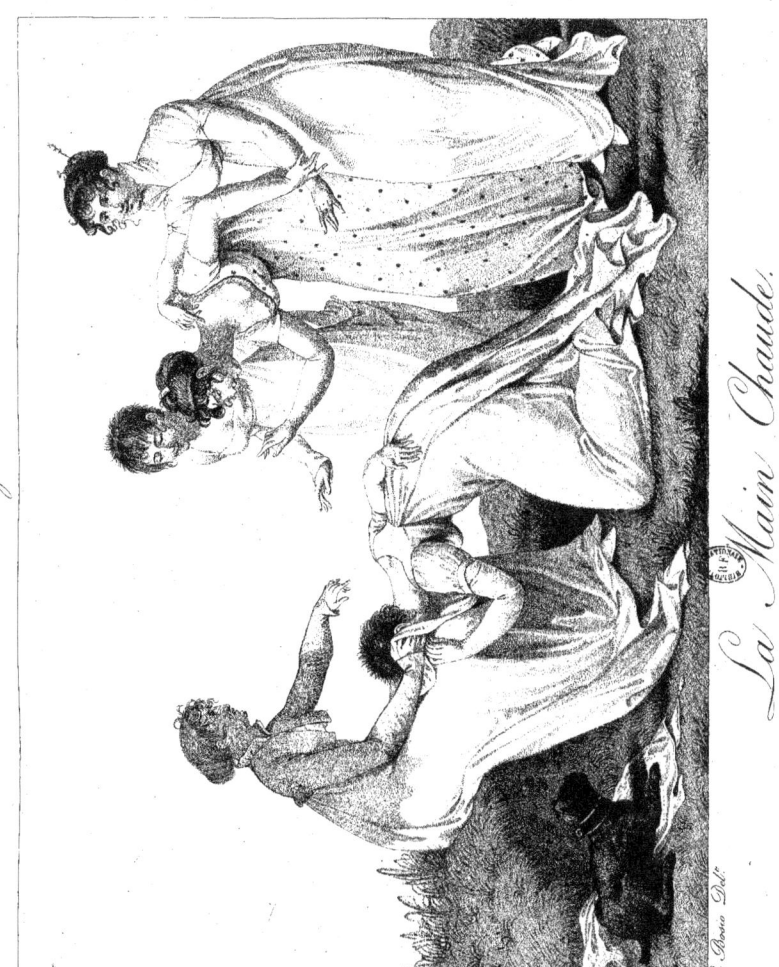

Le Bon Genre, Nº 12.

La Main Chaude.

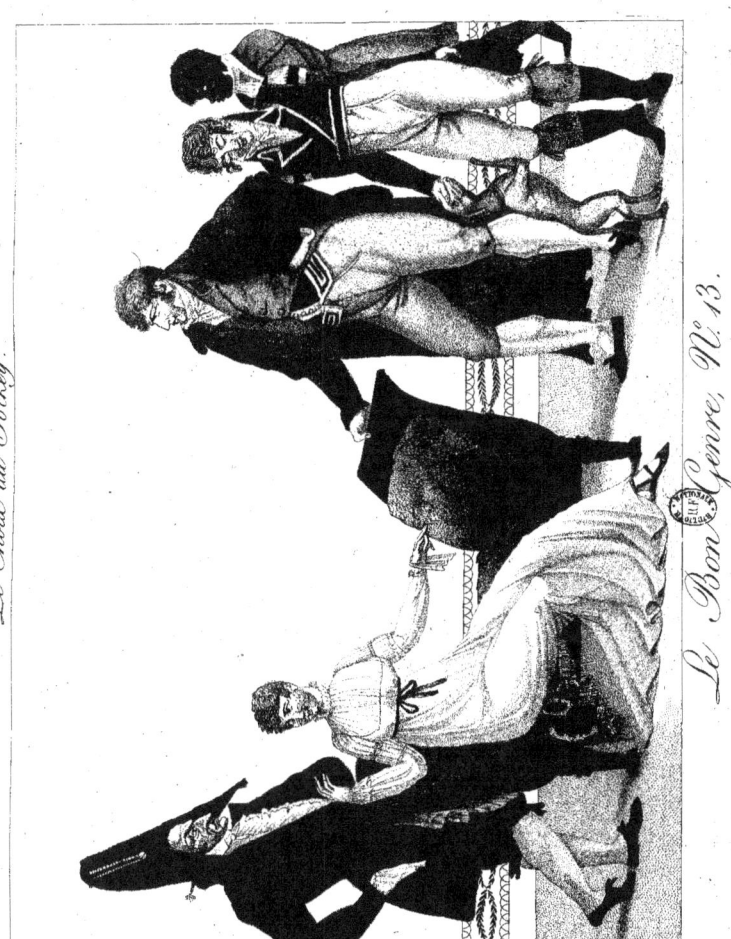

Le Choix du Jockey.

Le Bon Genre, N.° 13.

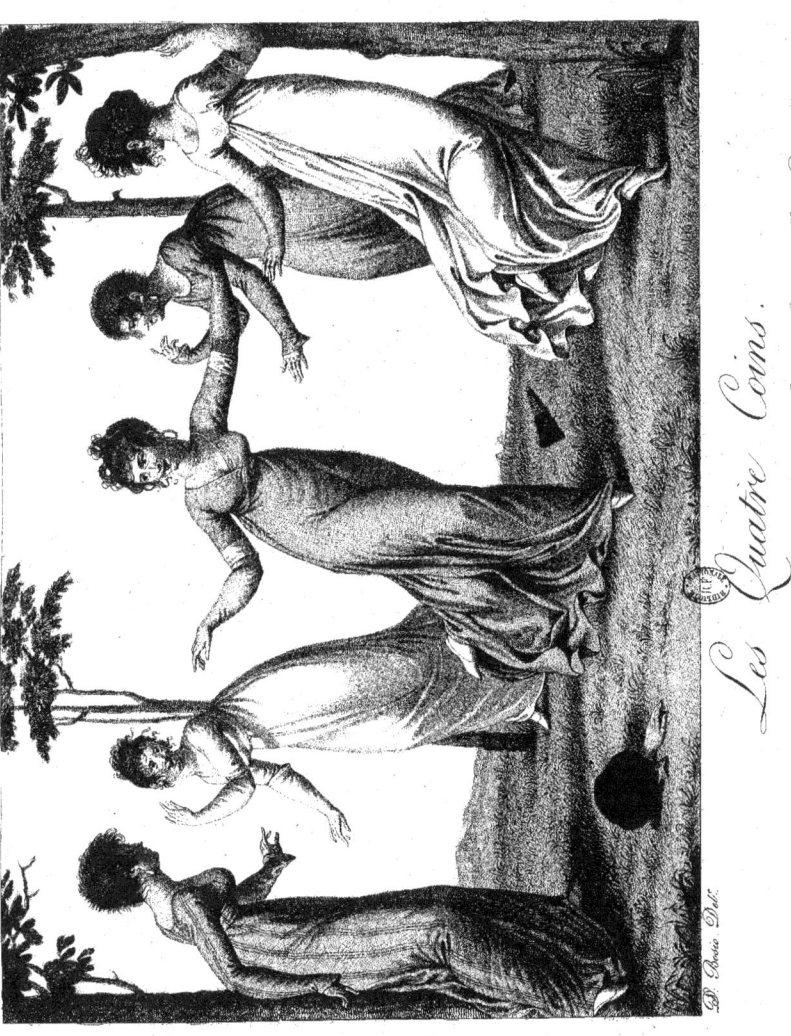

Le Bon Genre, N.° 16.

Les Quatre Coins.

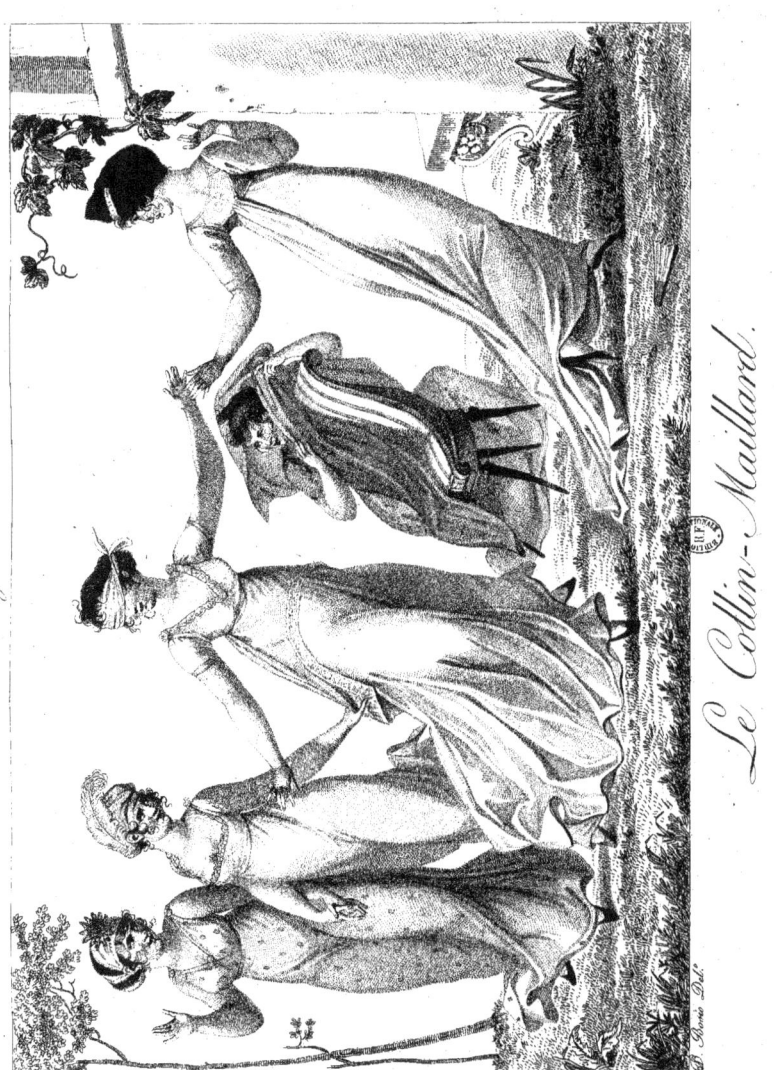

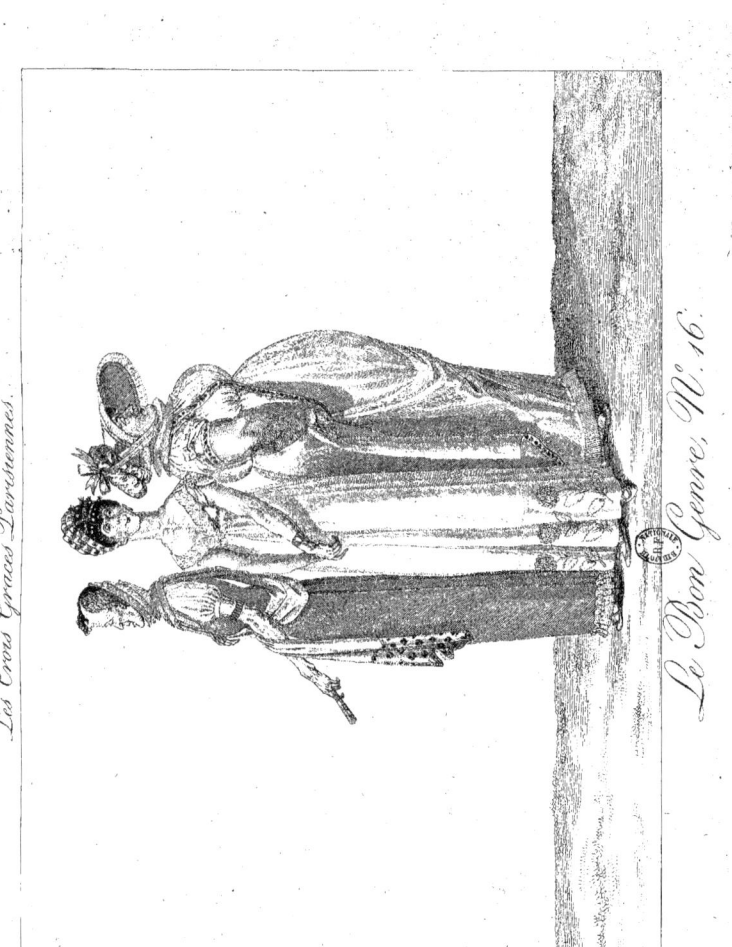

Les Trois Graces Parisiennes.

Le Bon Genre, N.º 16.

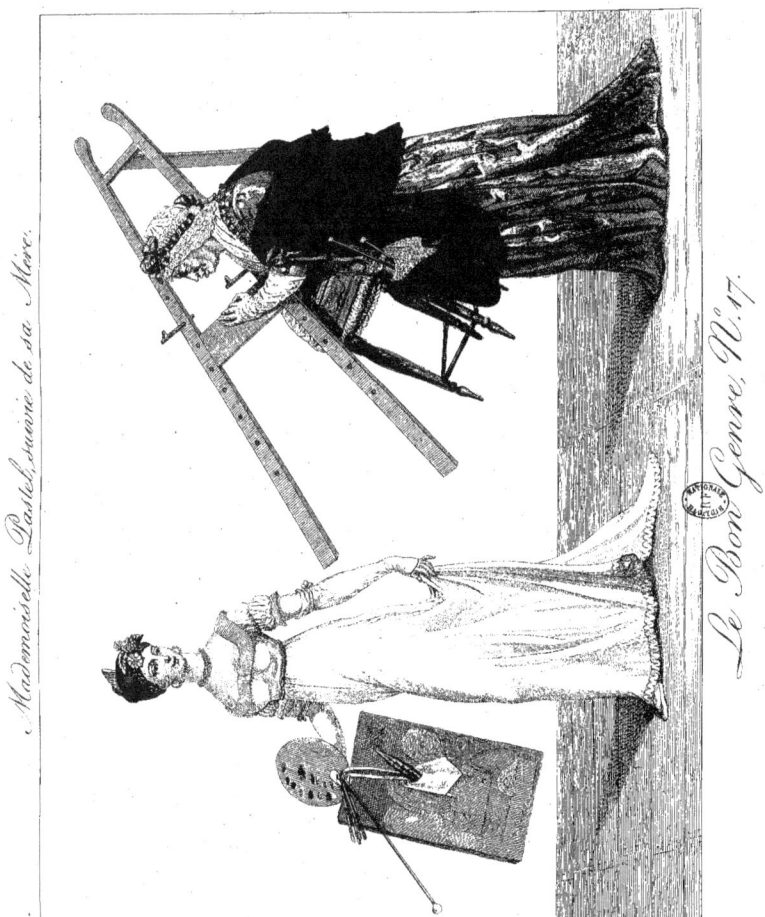

Mademoiselle Pastel, marié de sa Mère.

Le Bon Genre, N.° 17.

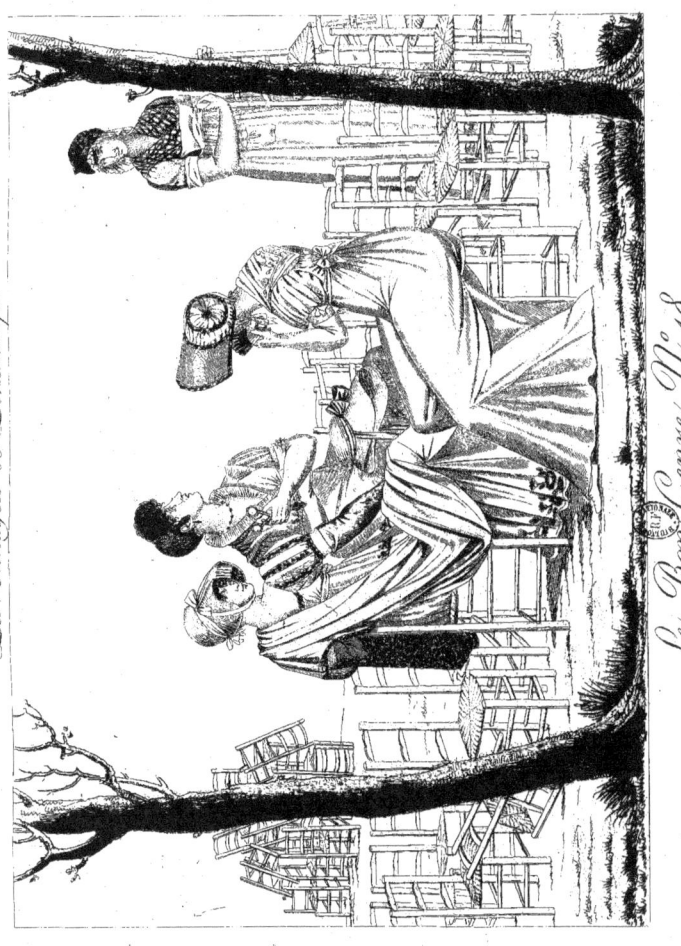

Les Ennuyées de Lonchamp.

Le Bon Genre. N°. 18.

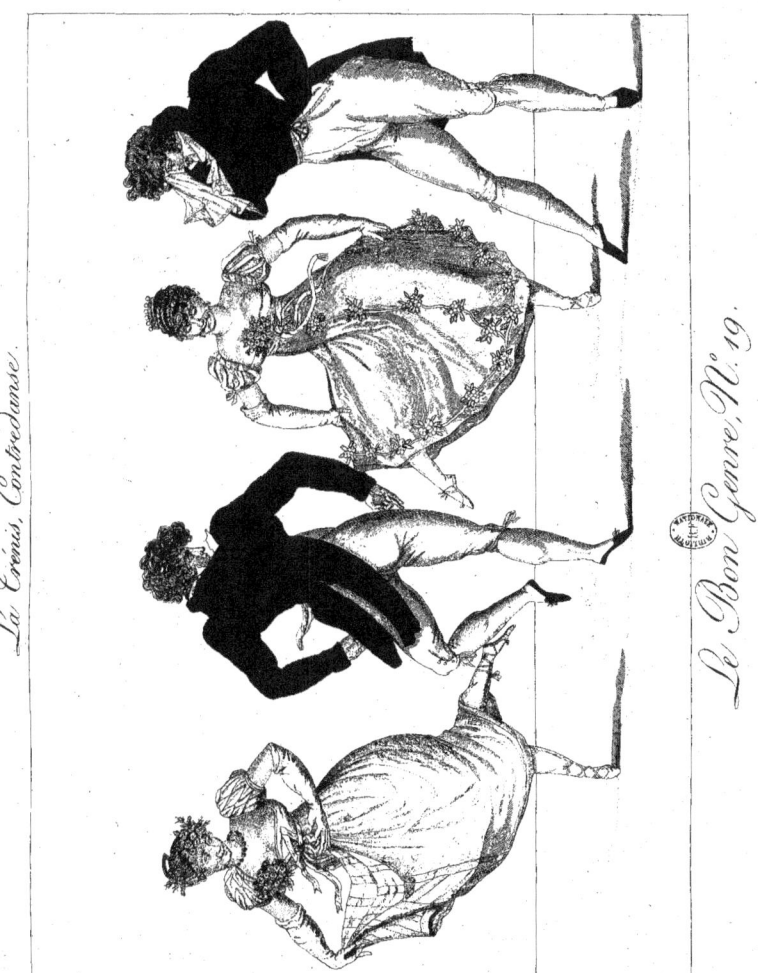

La Trenis, Contredanse.

Le Bon Genre. N.º 19.

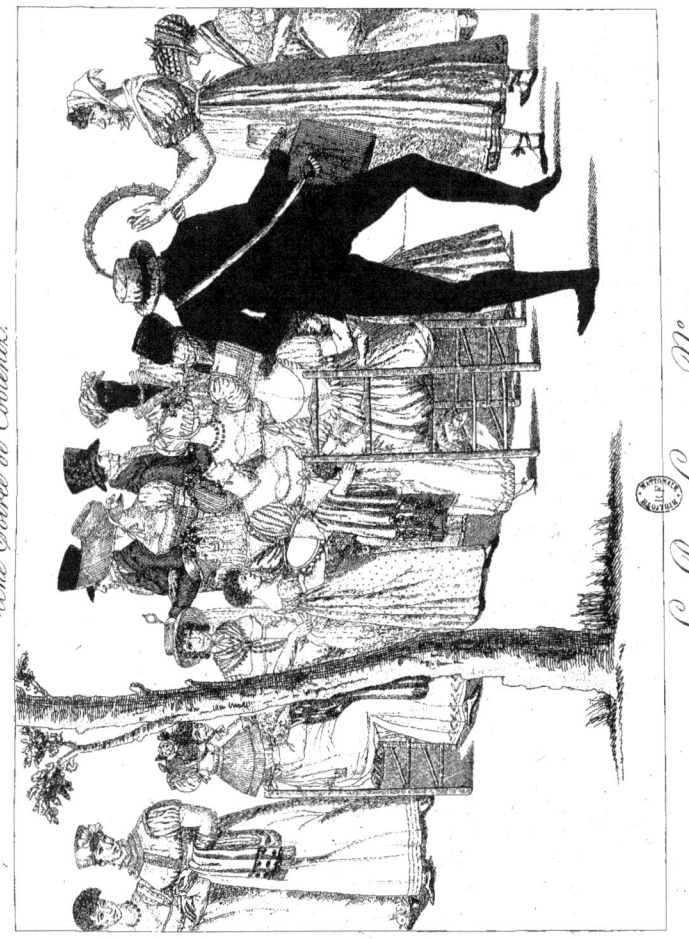

Une Soirée de Coblentz.

Le Bon Genre, N°. 20.

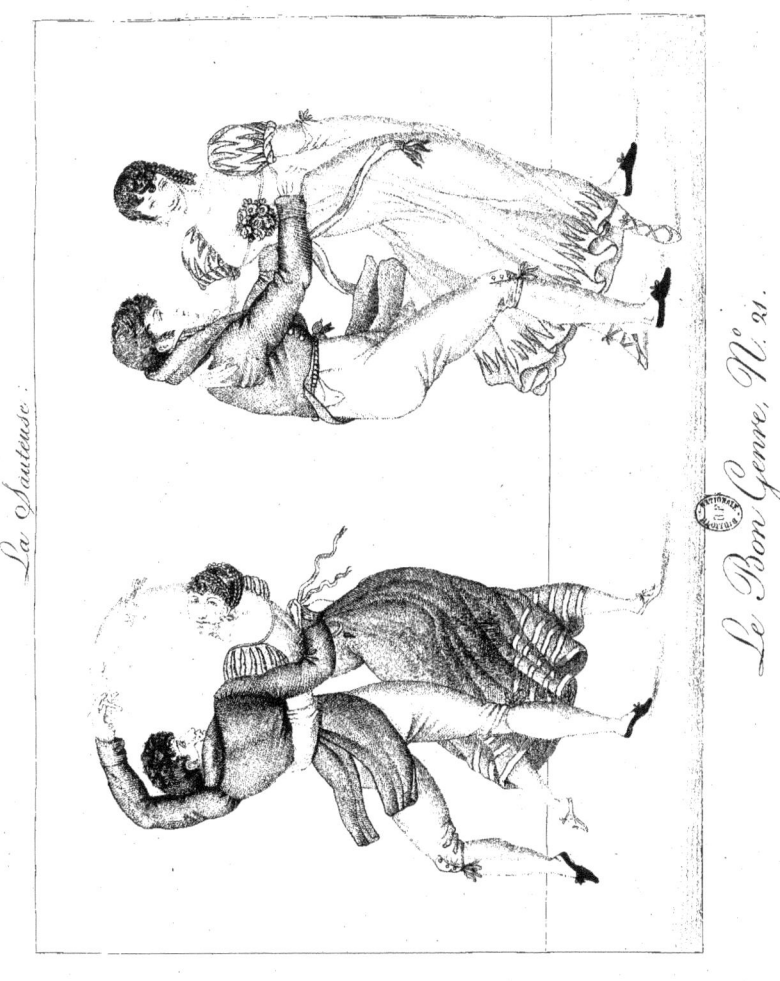

La Sauteuse.

Le Bon Genre, N°. 21.

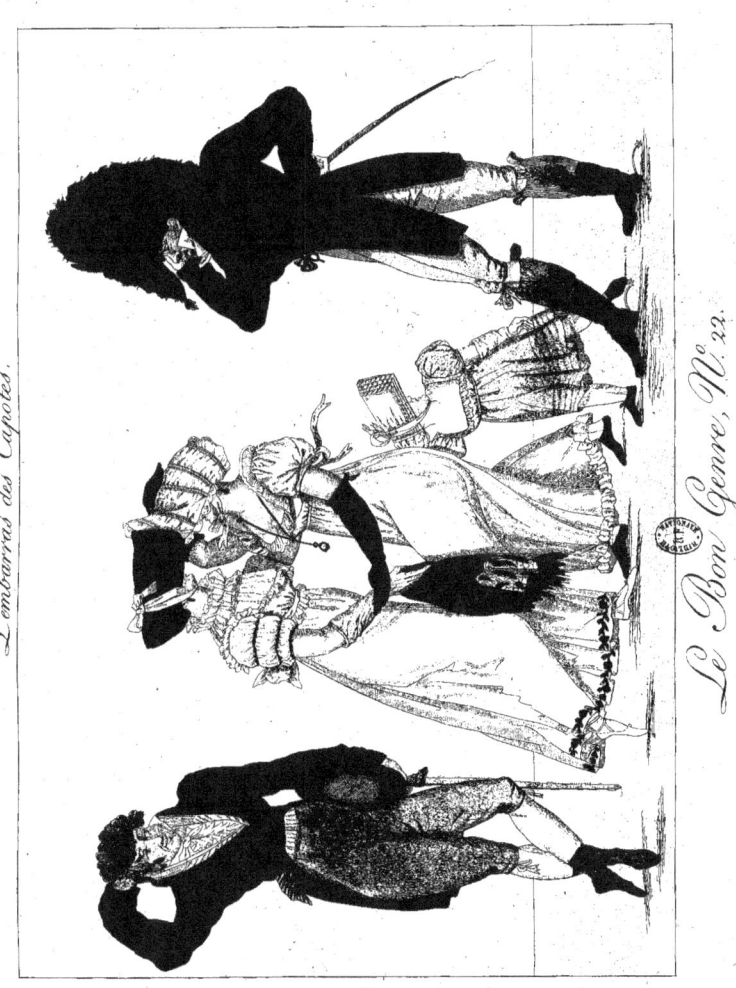

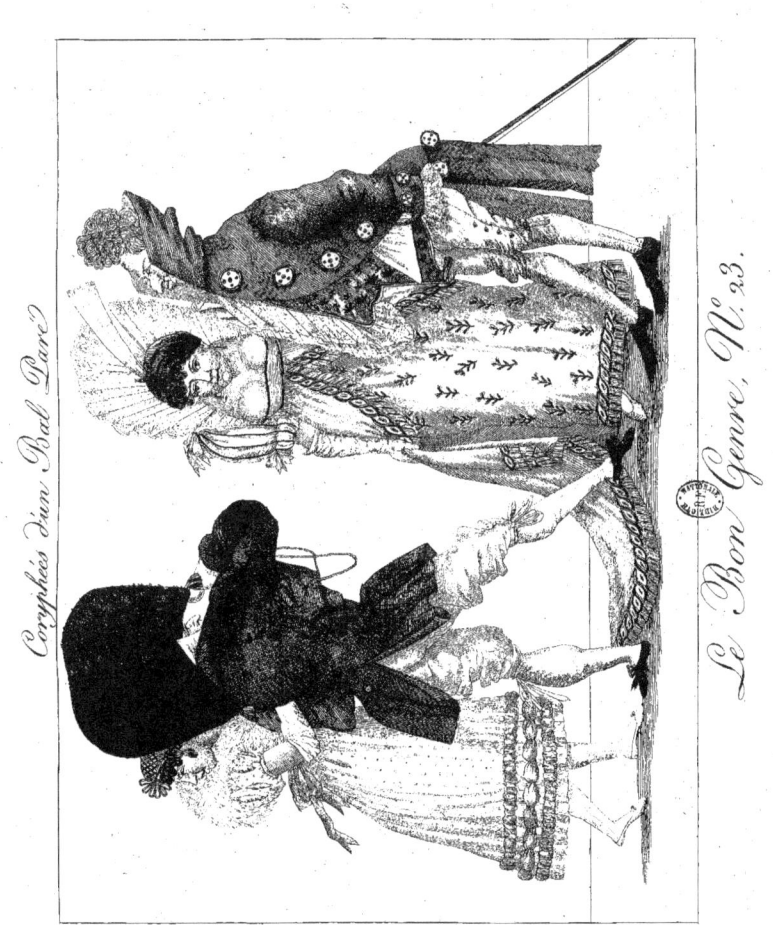

Coryphées d'un Bal Paré.

Le Bon Genre, N.º 23.

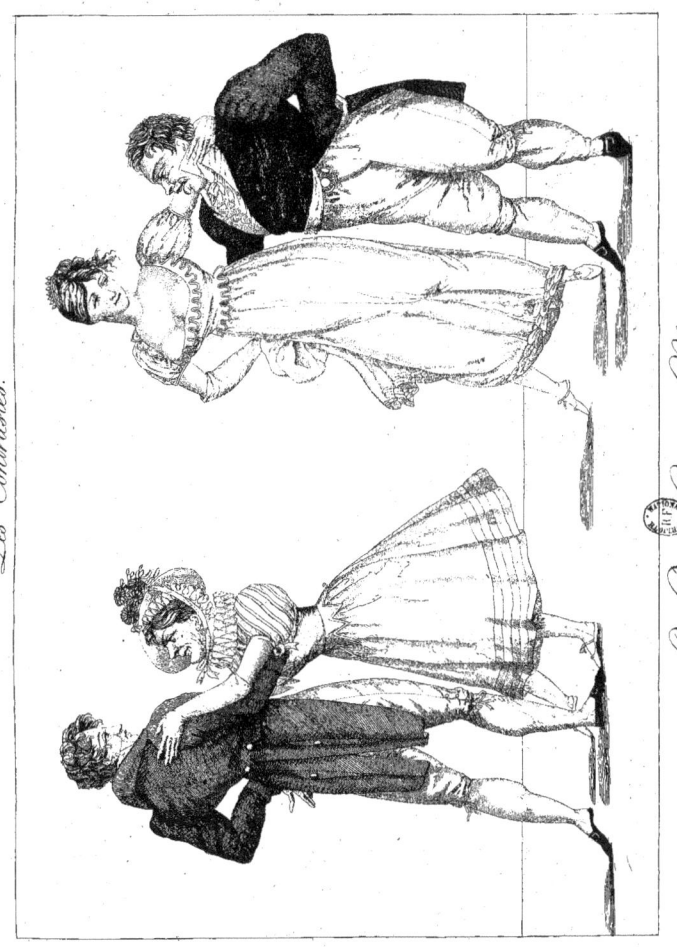

Les Contrastes.

Le Bon Genre, N.º 24.

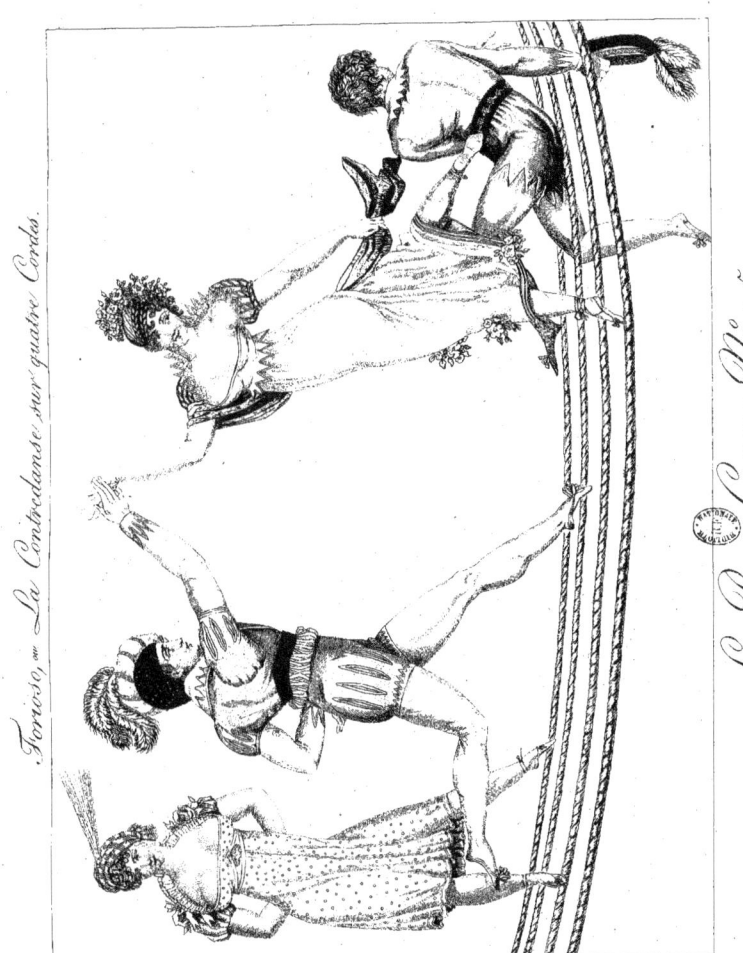

Forioso.— La Contredanse sur quatre Cordes.

Le Bon Genre, N.º 25.

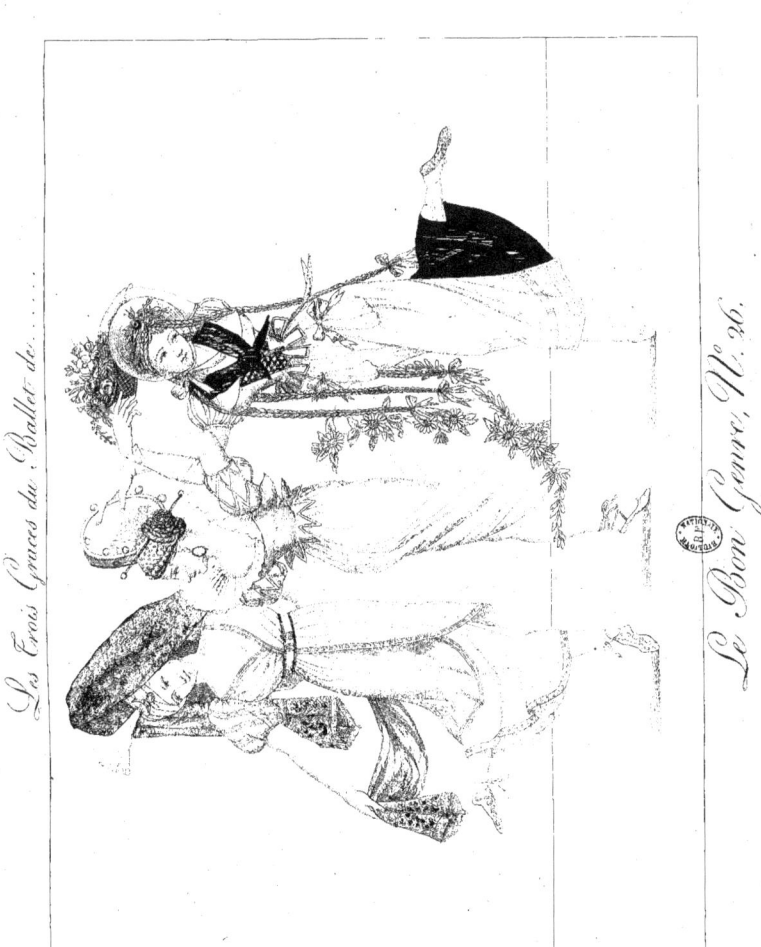

Les Trois Grâces du Ballet de......

Le Bon Genre, N.º 26.

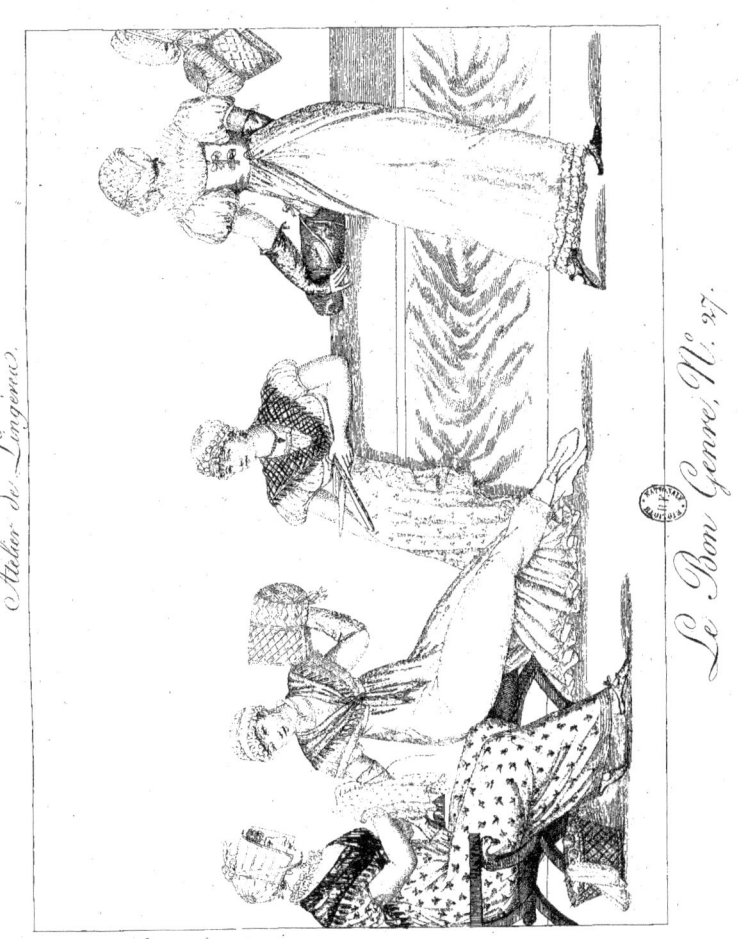

Atelier de Lingerie.

Le Bon Genre, N°. 27.

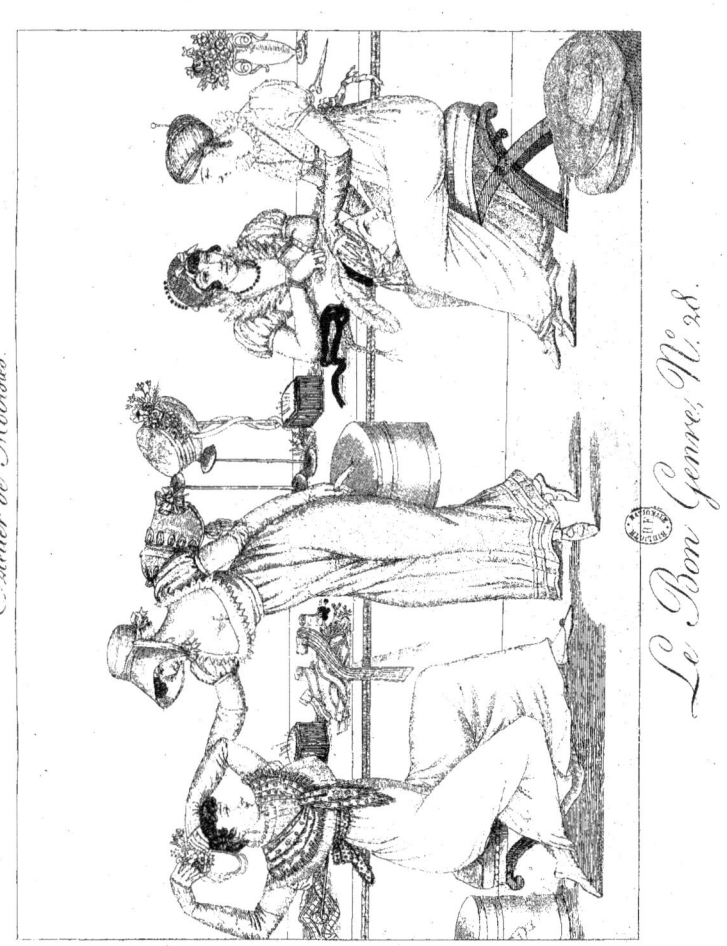

Atelier de Modistes.

Le Bon Genre, N.° 28.

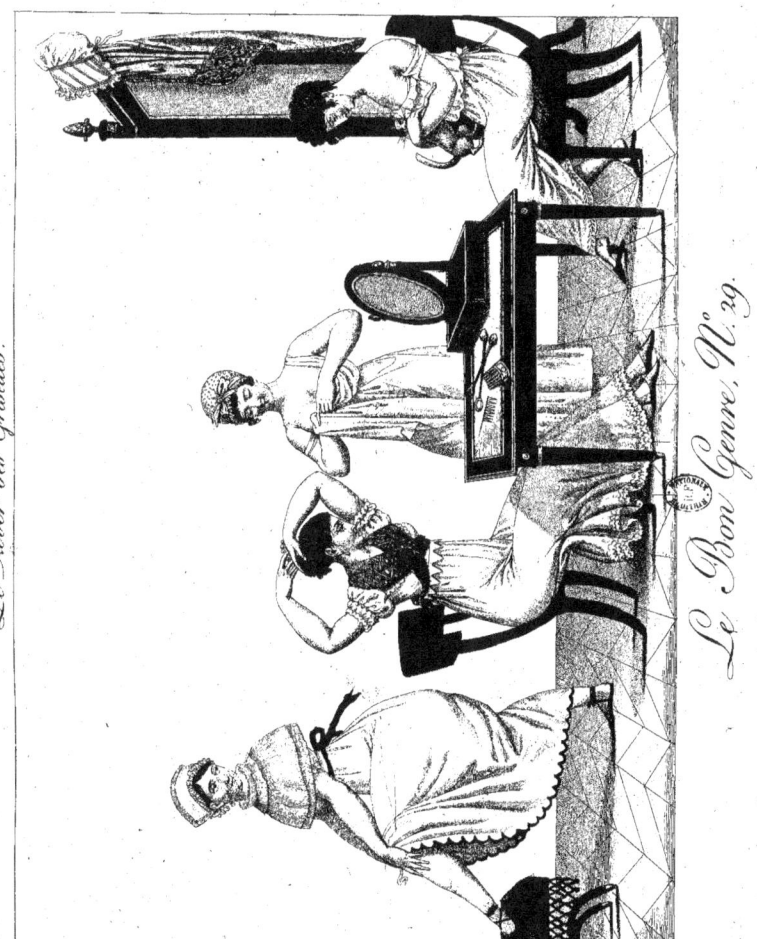

Le Lever des Grisettes.

Le Bon Genre, N.º 29.

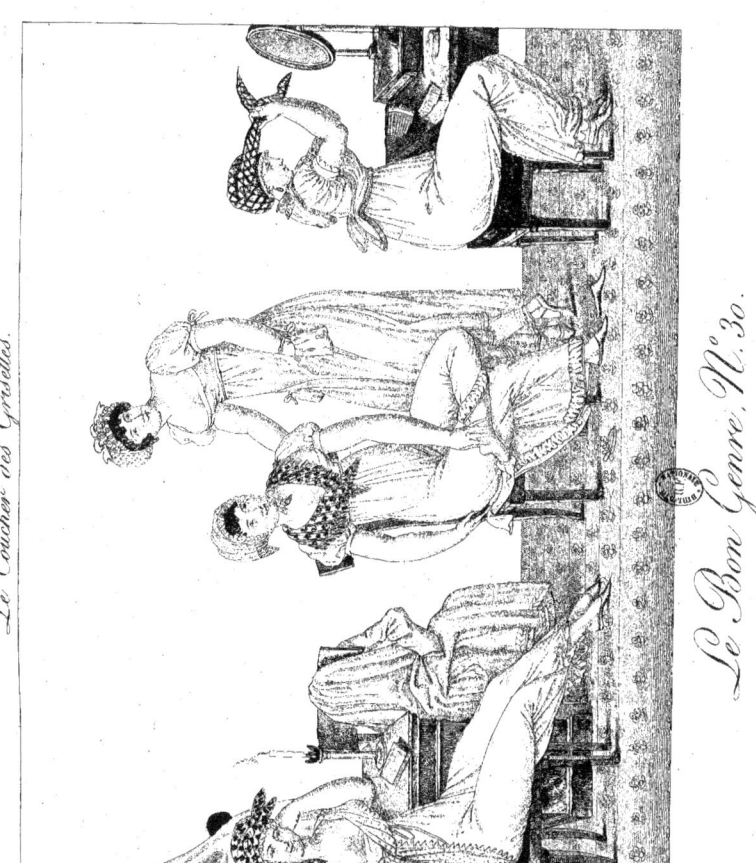

Le Coucher des Grisettes.

Le Bon Genre. N.º 30.

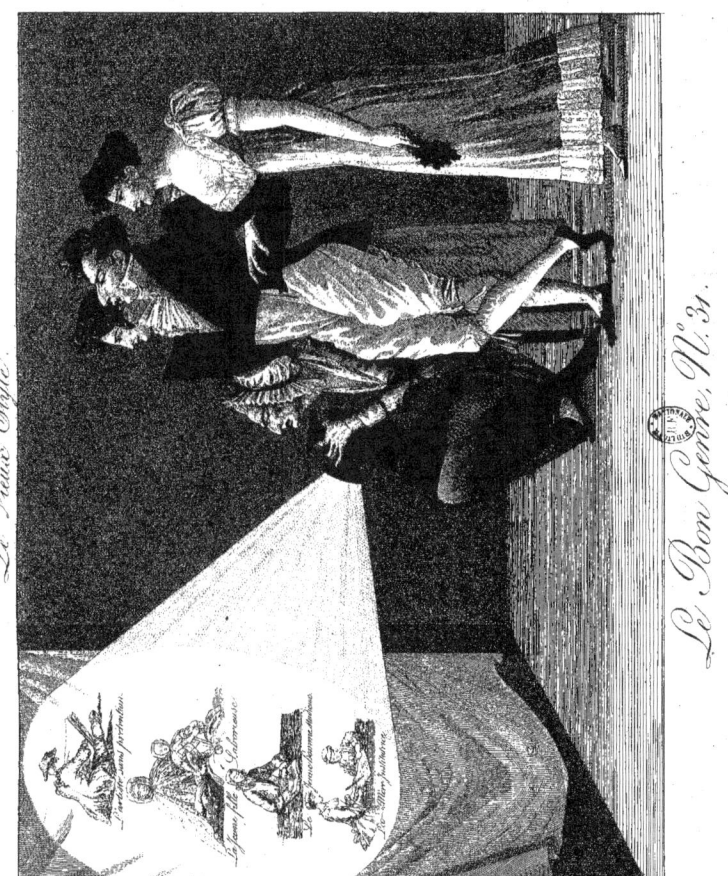

Le Vieux Style!

Le Bon Genre, N.º 31.

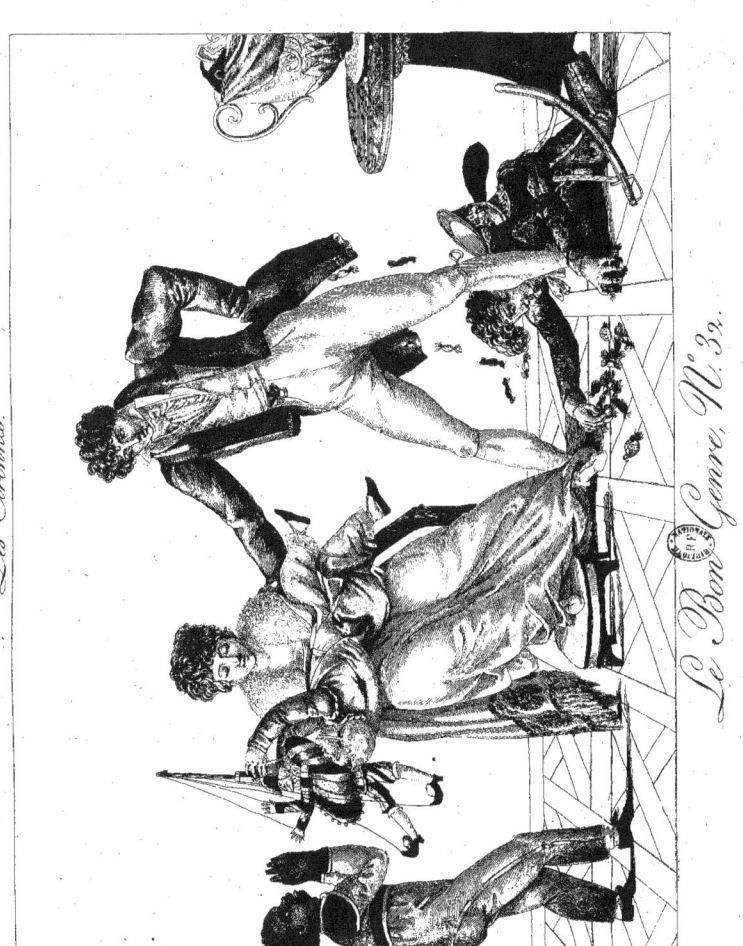

Les Etrennes.

Le Bon Genre, N°. 32.

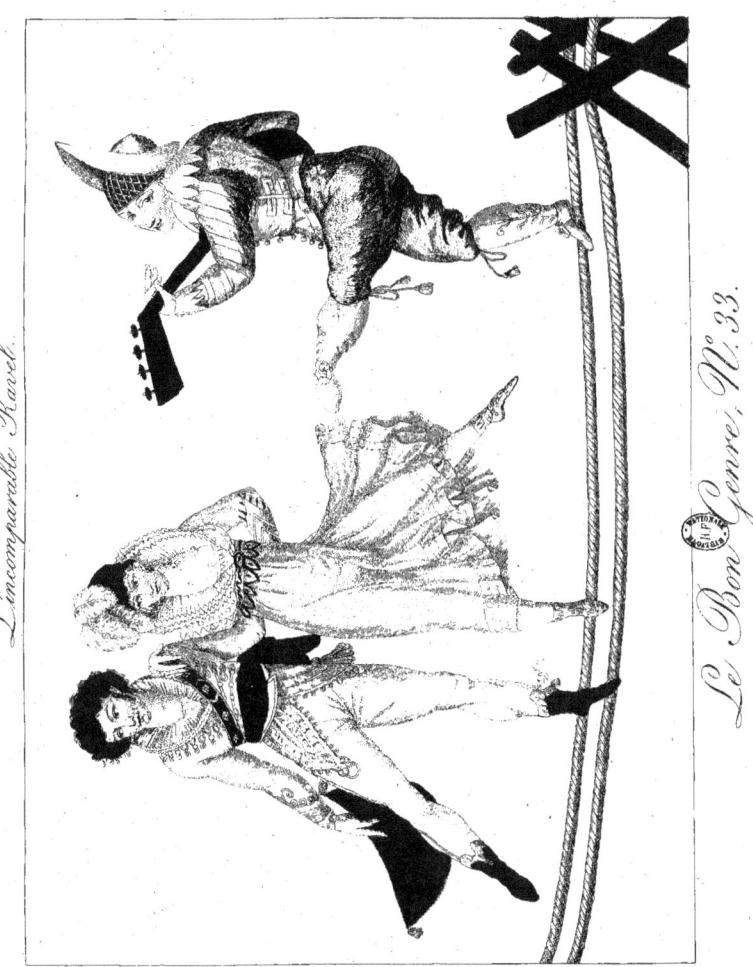

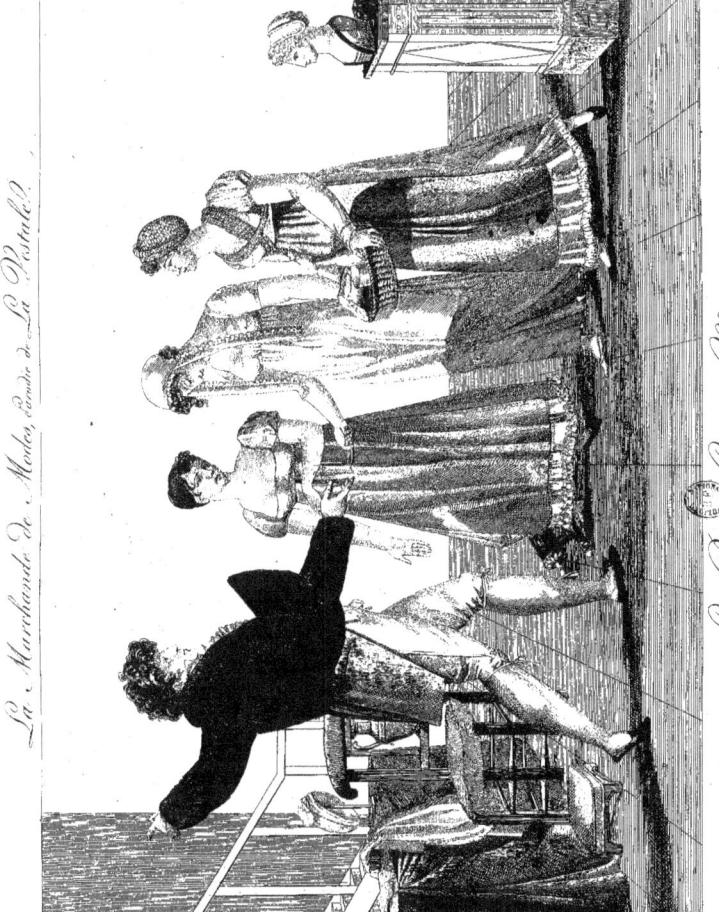

La Marchande de Modes, venbe à La Postale.

Le Bon Genre. N.º 34.

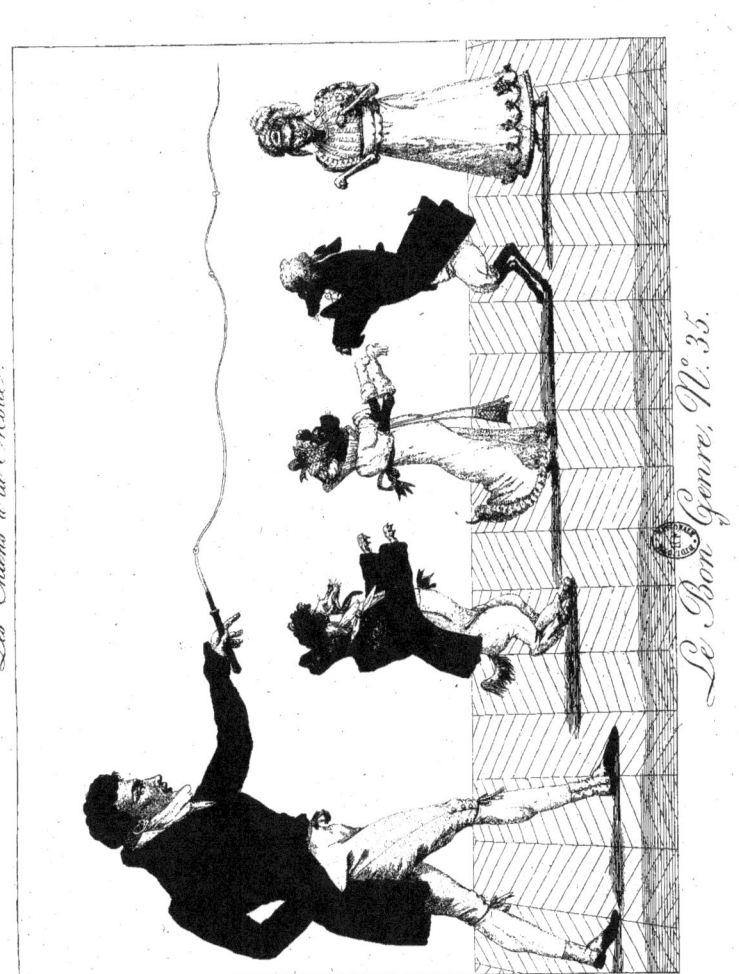

Les Chiens à la Mode.

Le Bon Genre, N.º 35.

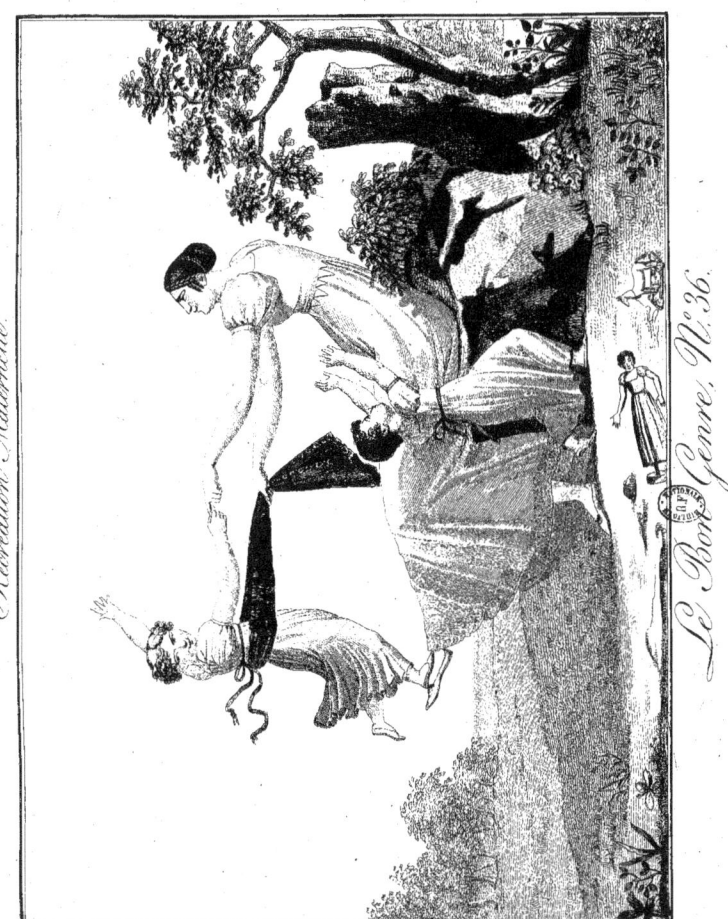

Récréation Maternelle.

Le Bon Genre. N.°36.

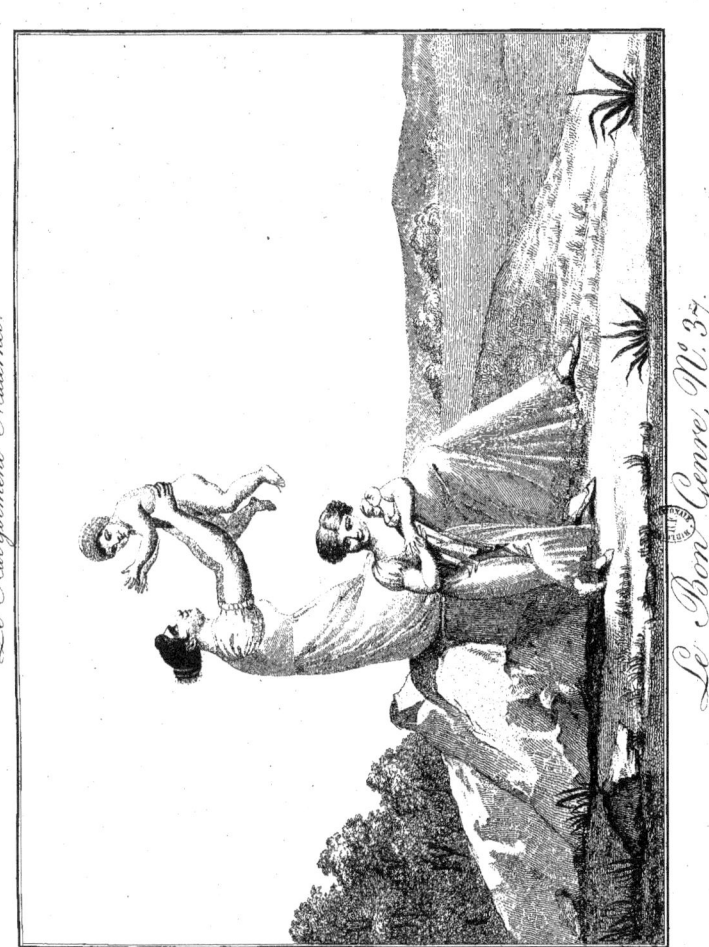

Le Ravissement Maternel.

Le Bon Genre, N.º 37.

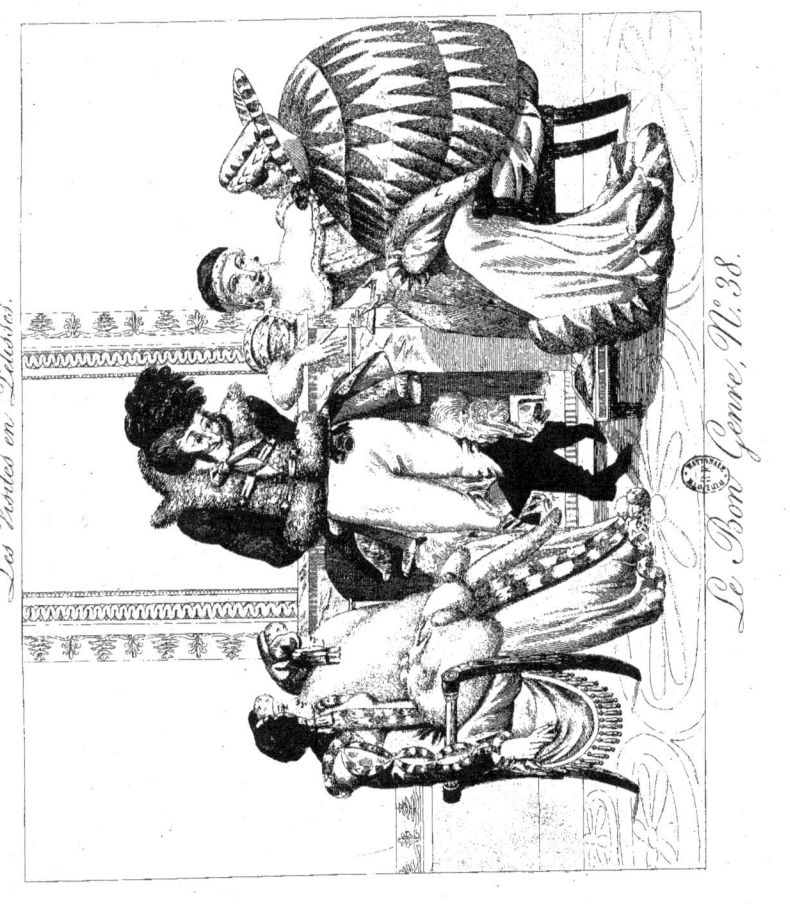

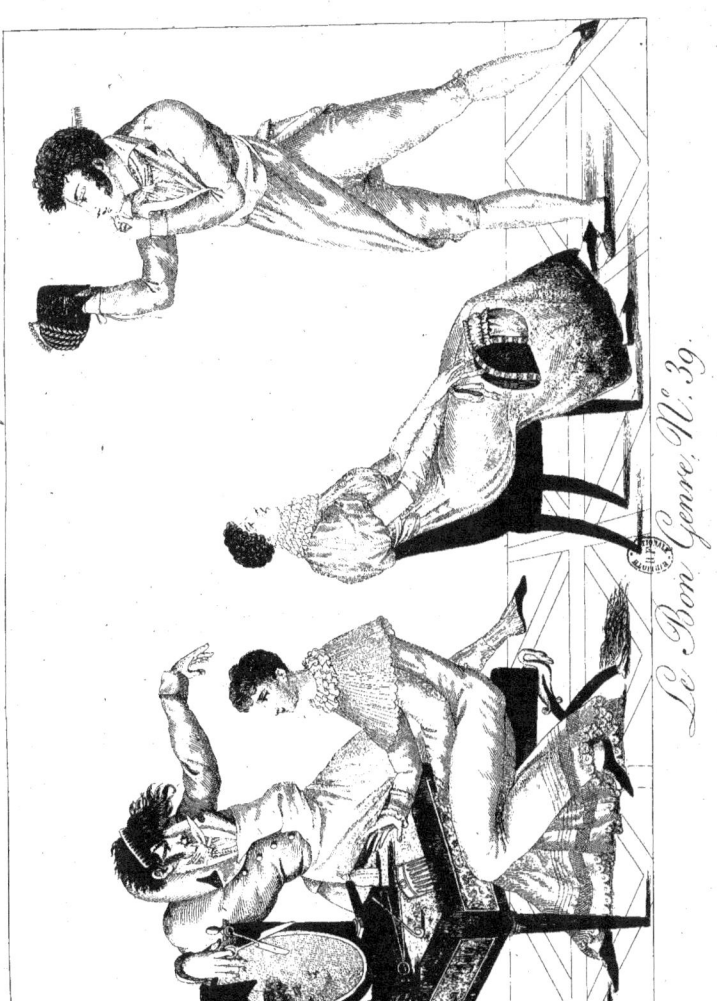

Les Titus et les Cache-folie.

Le Bon Genre, N.º 39.

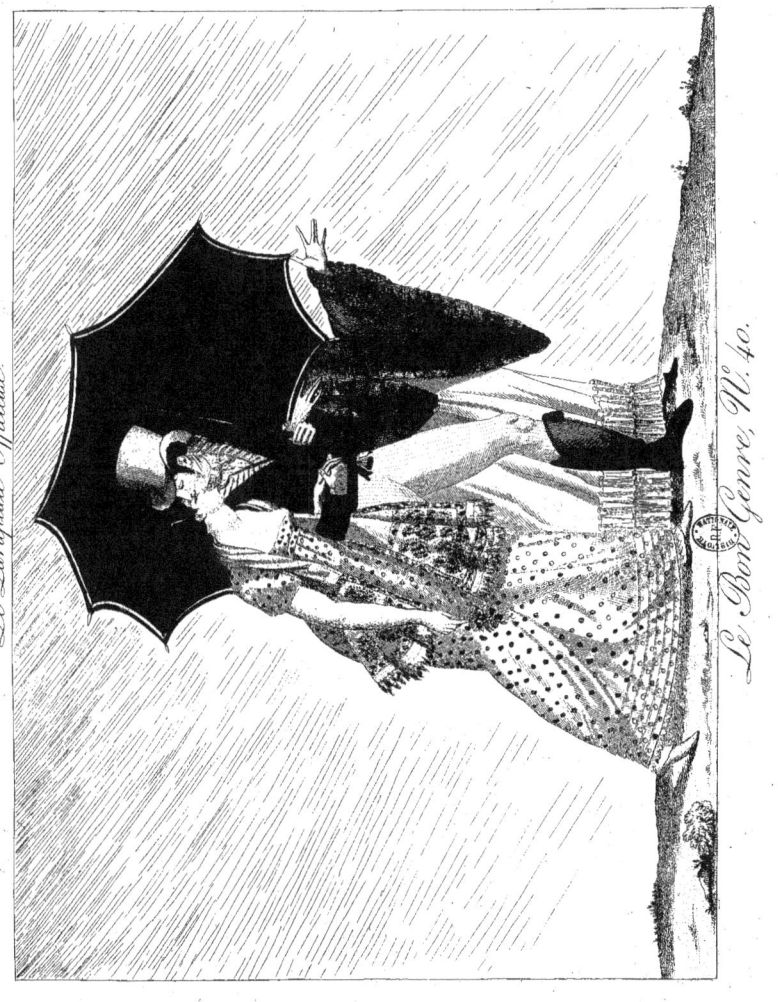

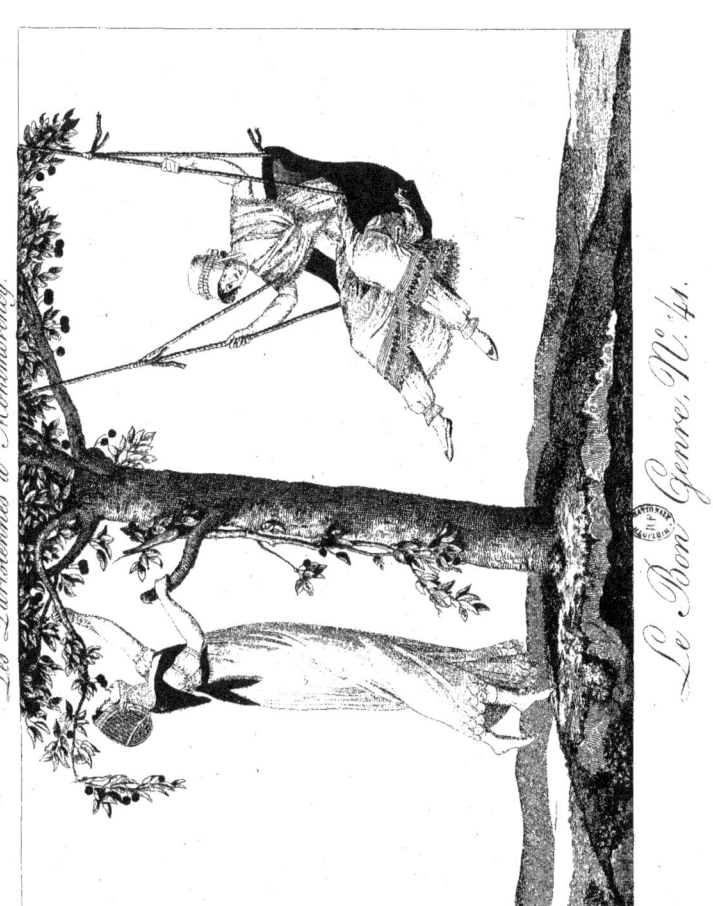

Les Grâces en Pantalon.

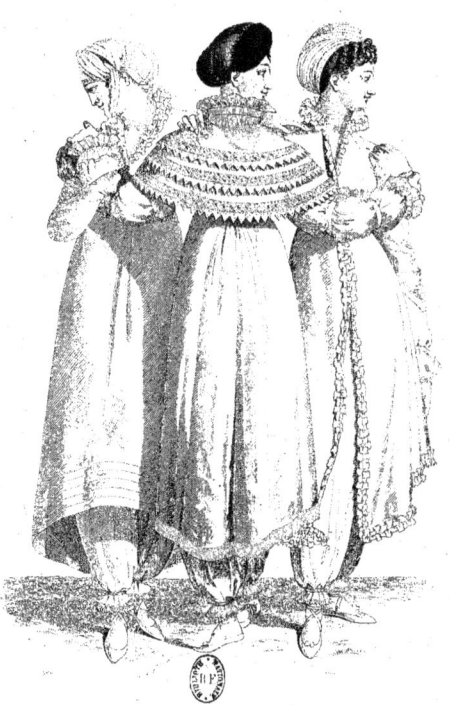

Le Bon Genre, N.º 42.

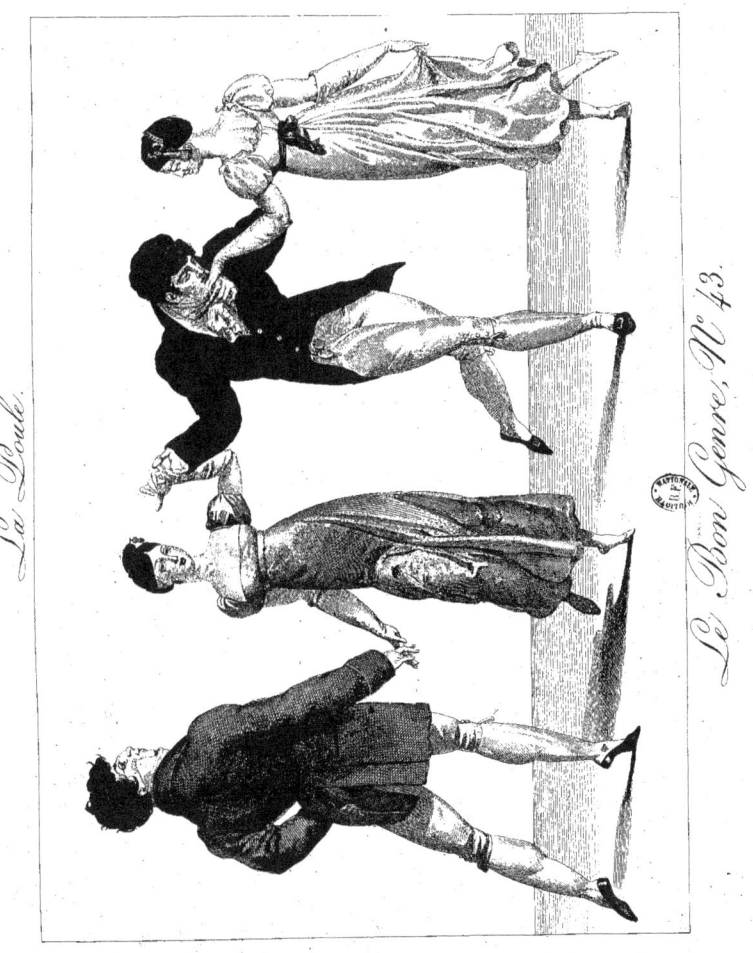

La Poule.

Le Bon Genre, N.º 43.

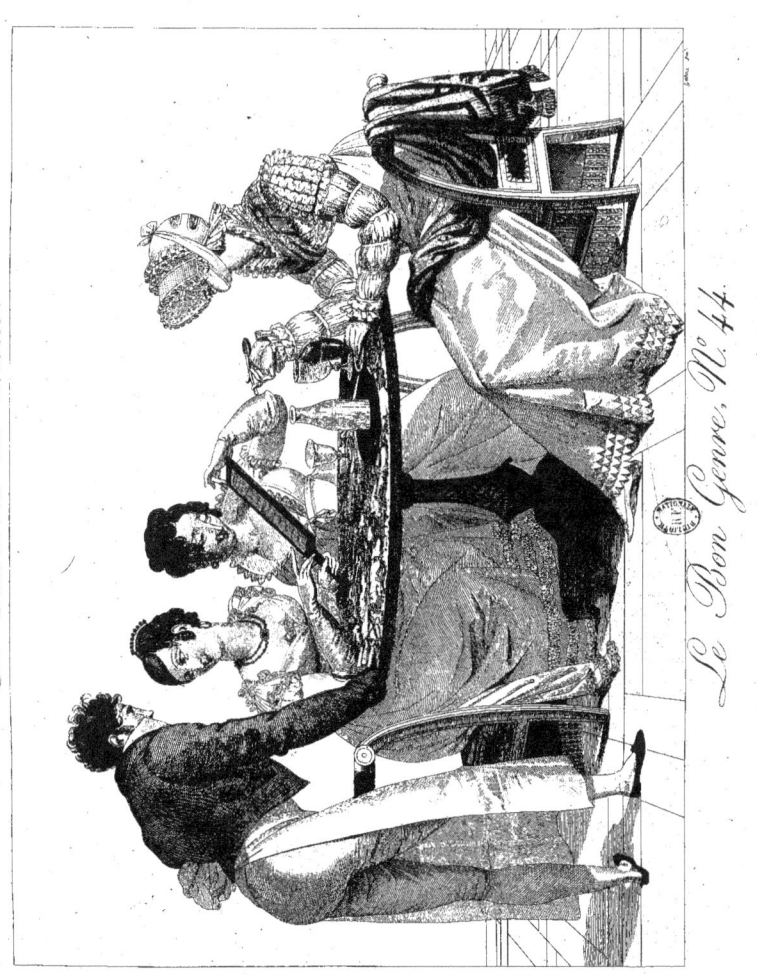

L'Embarras du Choix.

Le Bon Genre, N.º 44.

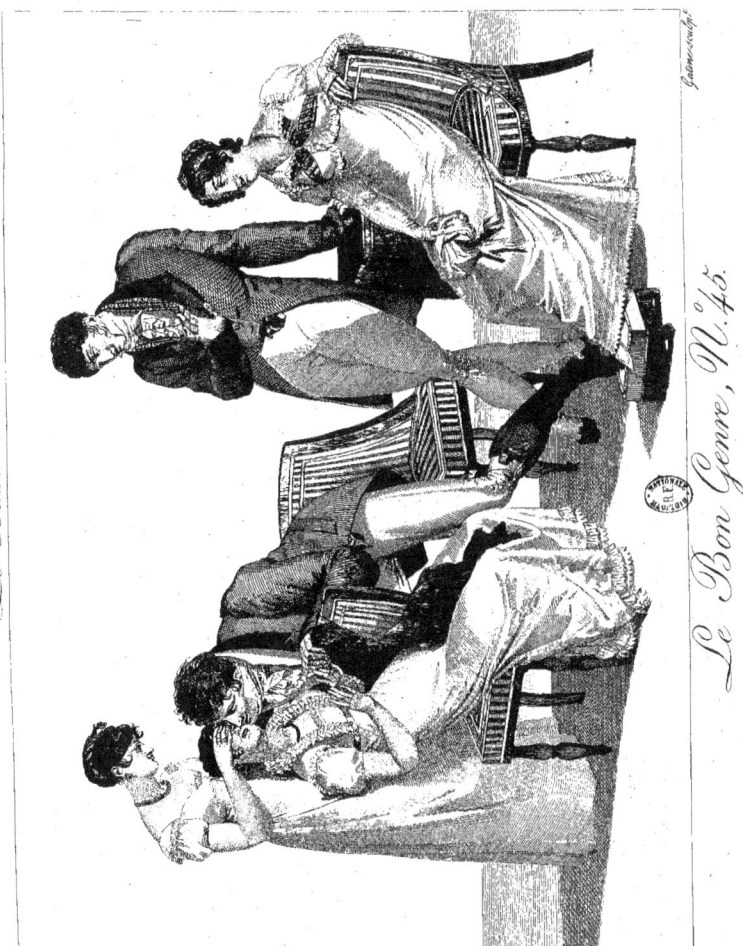

Le Baiser deviné.

Le Bon Genre, N.º 45.

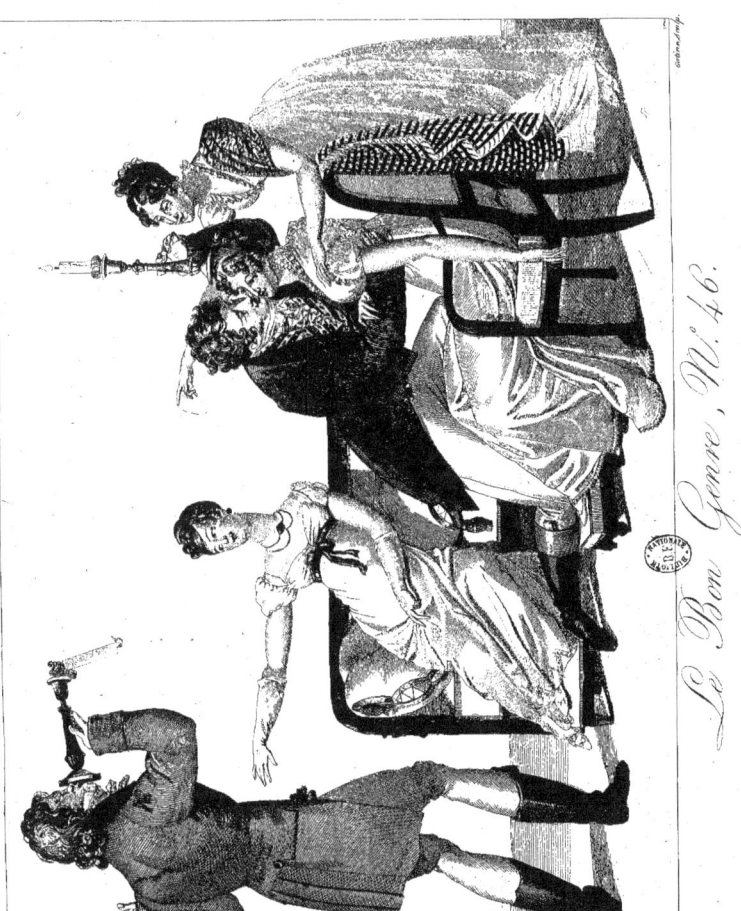

Le Dessous du Chandelier.

Le Bon Genre, N.º 46.

Le Grimacier Italien.

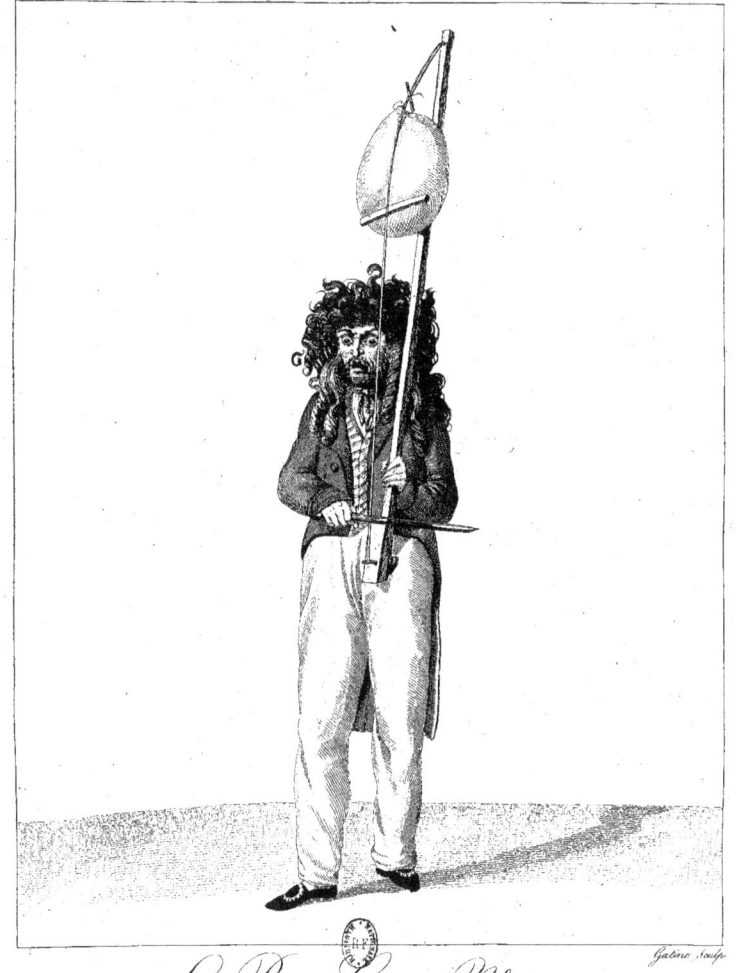

Le Bon Genre, N°. 47.

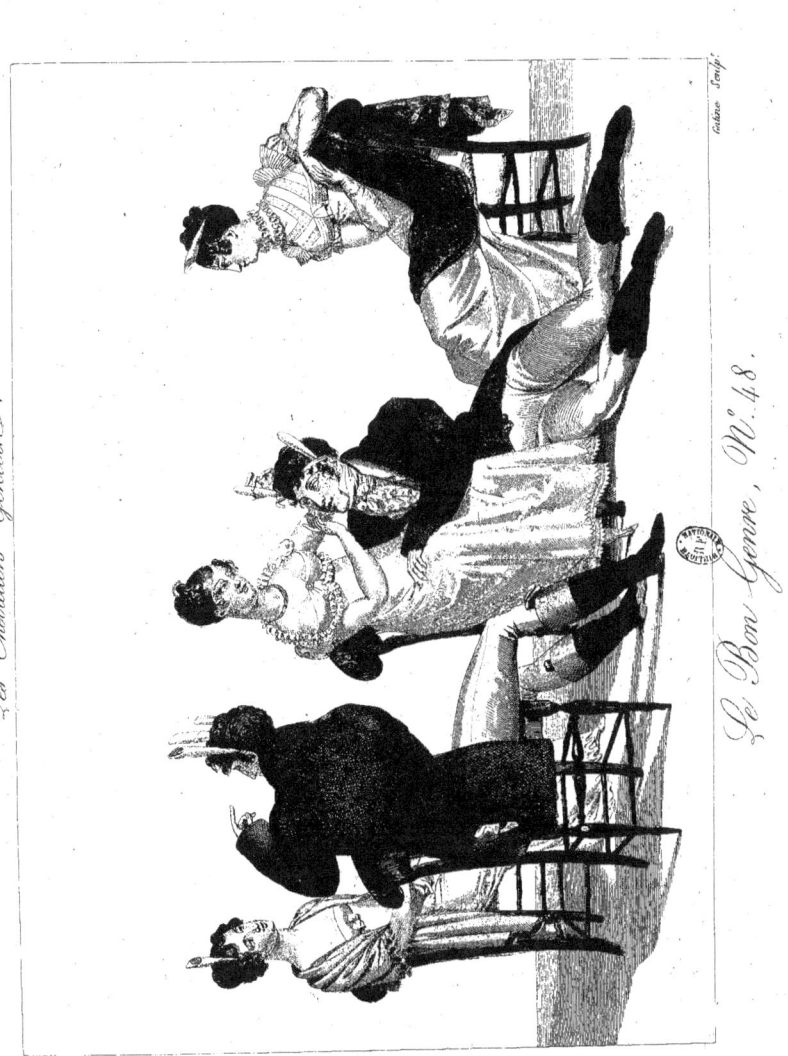

Les Chevaliers Gentils.

Le Bon Genre, N.º 48.

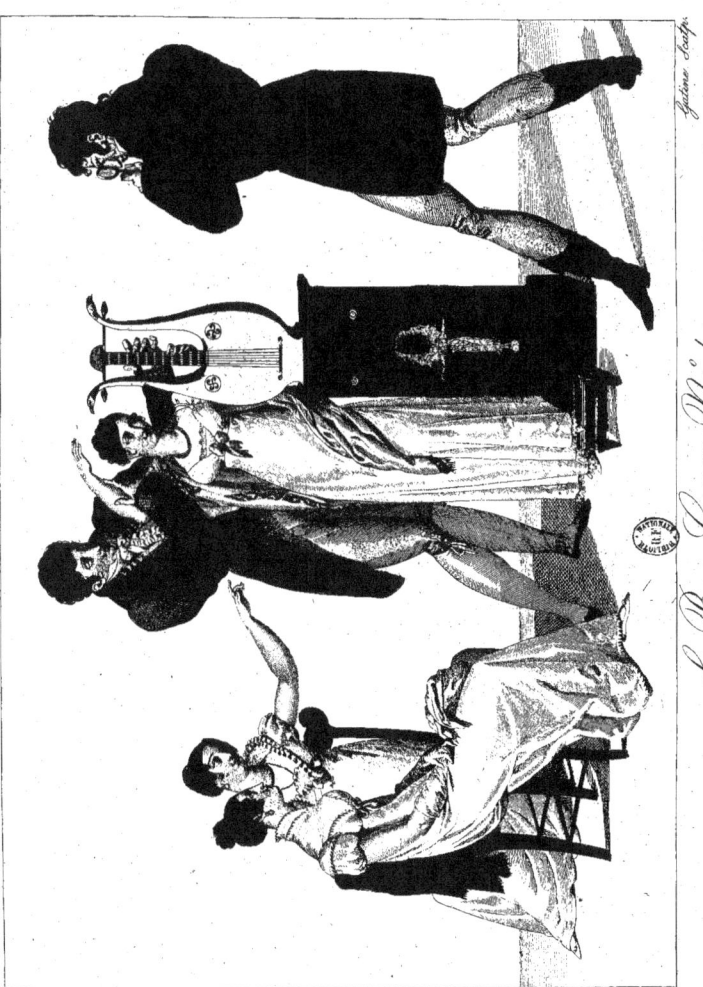

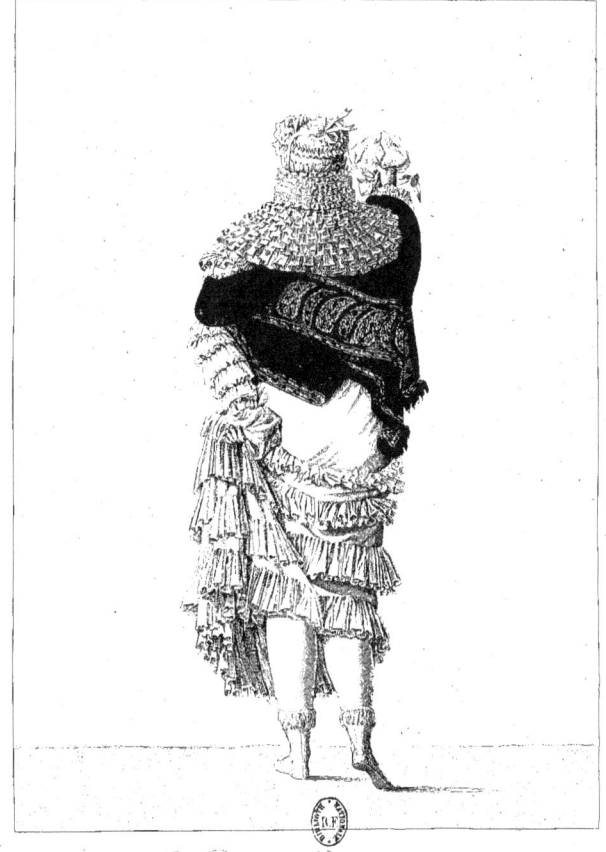

Le Bon Genre, N.º 50.

Les Garnitures.

Le Bon Genre, N.º 51.

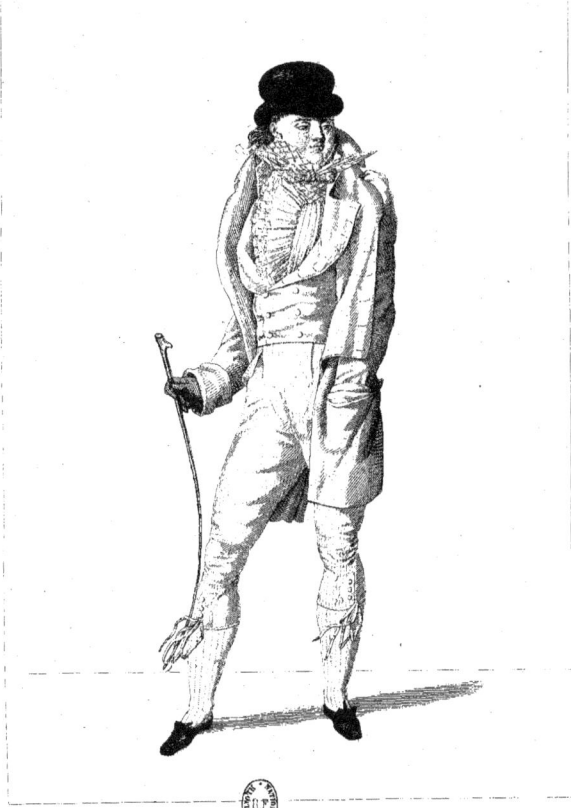

Le Chapeau en Ballon.

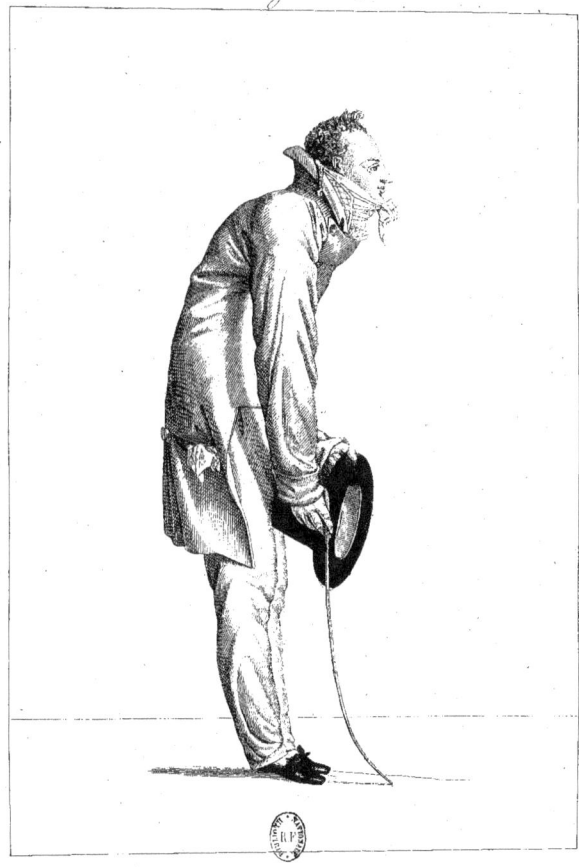

Le Bon Genre, N.º 52.

Le Petit-maître en Chenille.

Le Bon Genre, N.º 53.

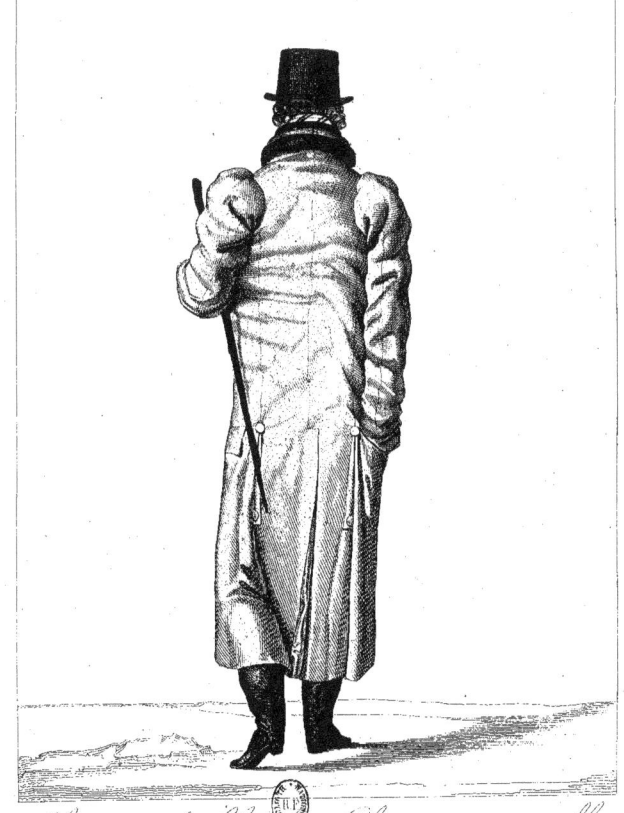

Cheveux à la Chérubin. Chapeau en pot à fleurs.
Redingote en Robe de Chambre.

Le Bon Genre, N.° 54.

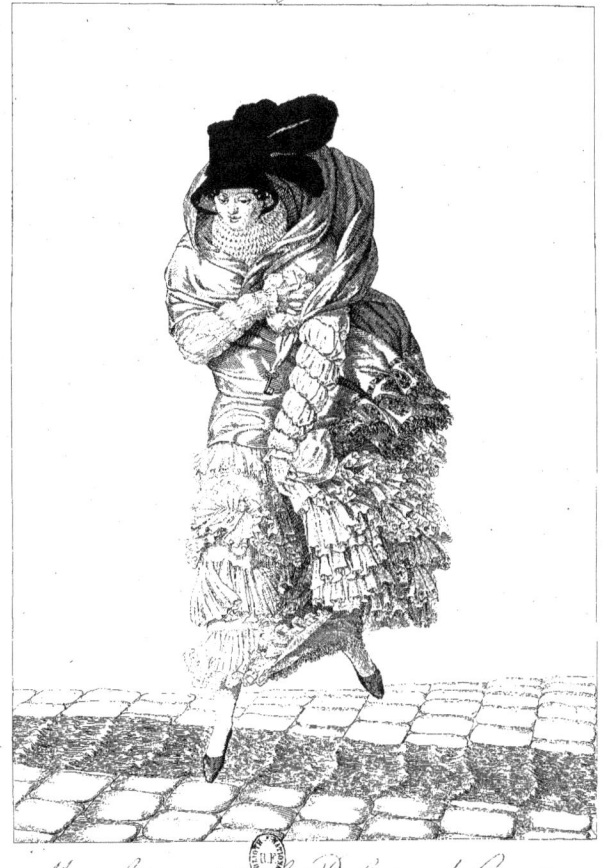

Manches en Spirale. Profusion de Garnitures.
Mouchoir Servant de porte-Clef.

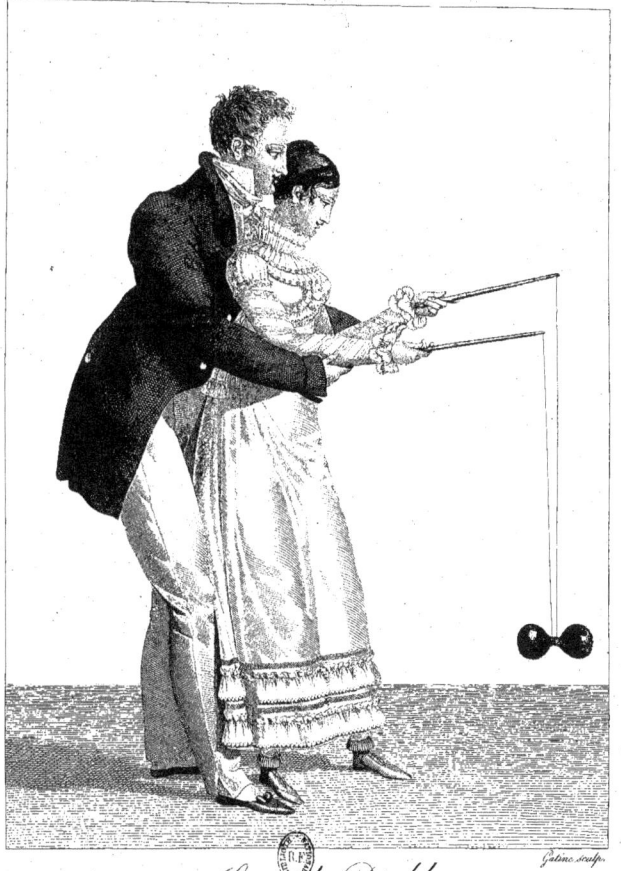

Leçon de Diable,
ou
Le Diable couleur de Rose.

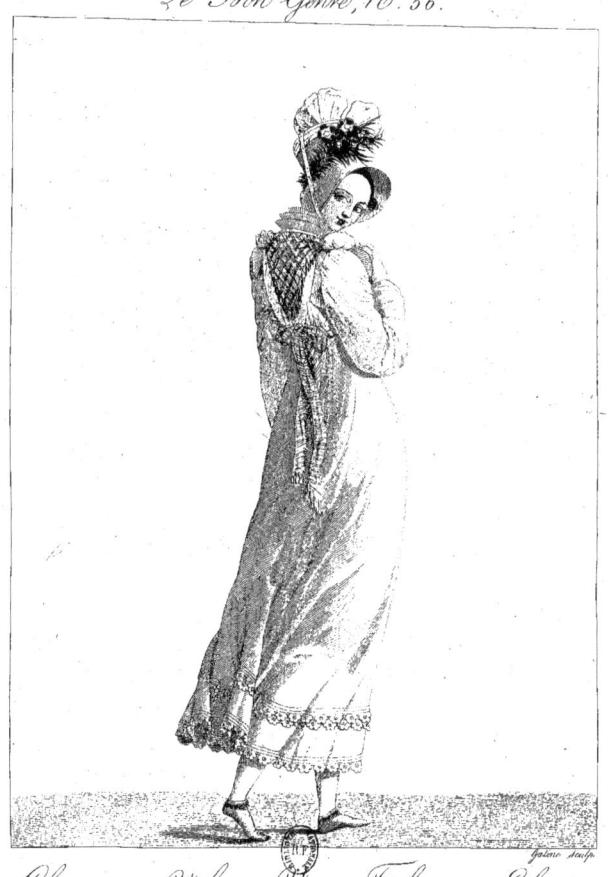

Le Bon Genre, N.° 56.

Chapeau en Vol-au-Vent. Fichu en Echarpe.
Robe à Manches Transparentes. Brodequins-souliers.

Le Bon Genre, N°. 57.

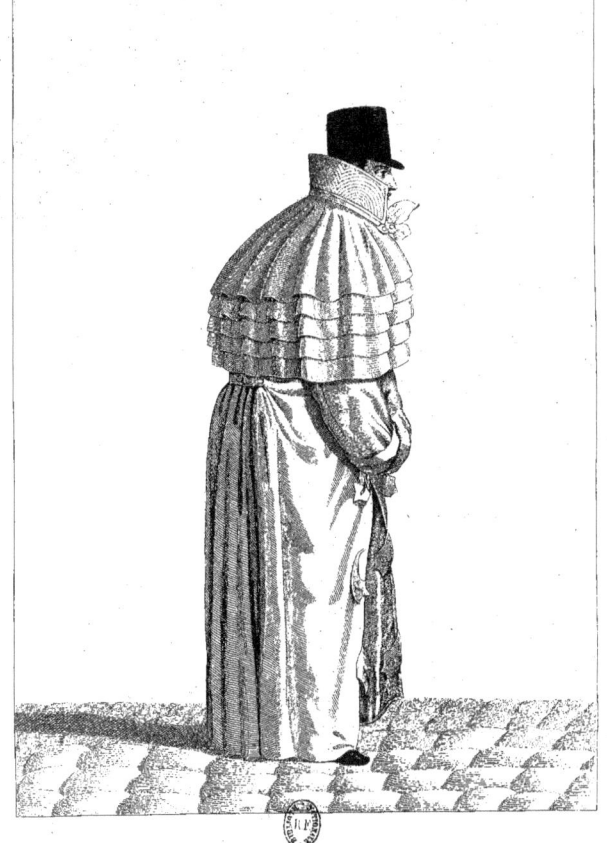

Carrick à Cinq Pèlerines.

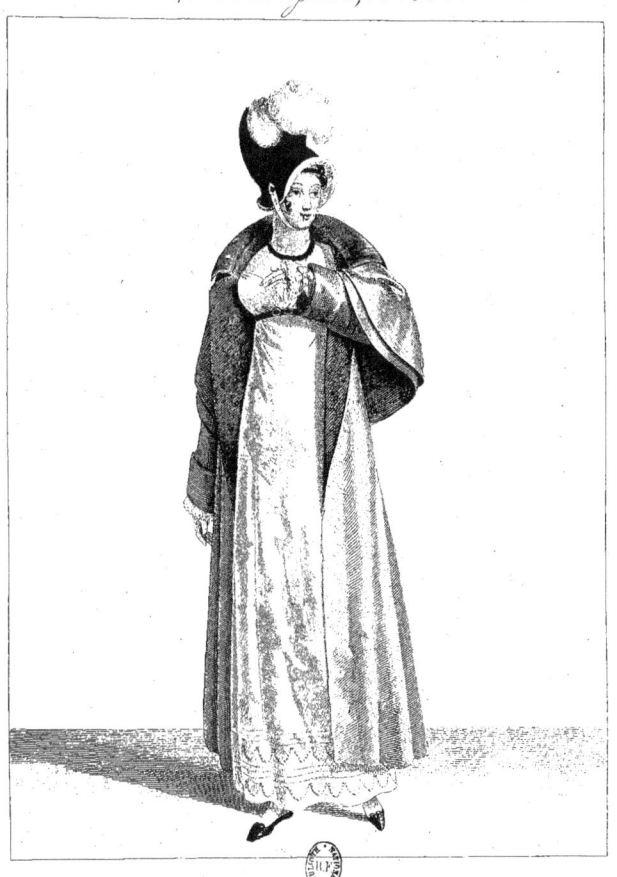

Le Bon Genre, N.º 58.

Chapeau de Velours. Carrick de Drap.

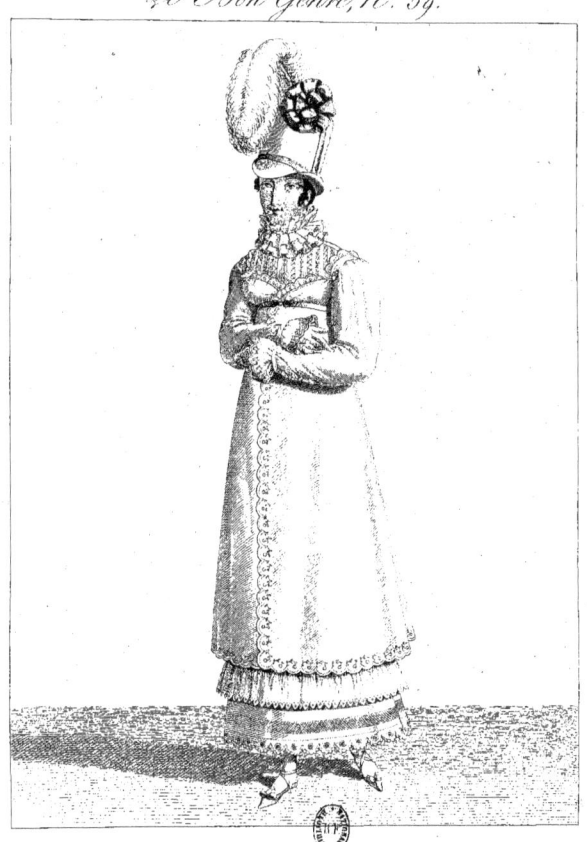

Fichu-Guimpe. Par-dessus de Mousseline.
Robe de Perkale.

Le Bon Genre N.º 60.

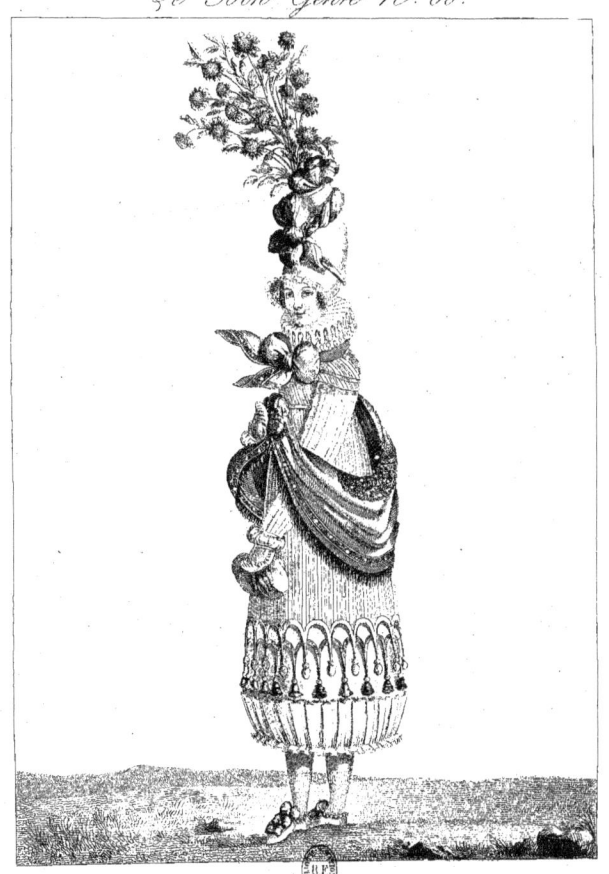

Une Chinoise de la Chaussée d'Antin.

Le Bon Genre, N.º 67.

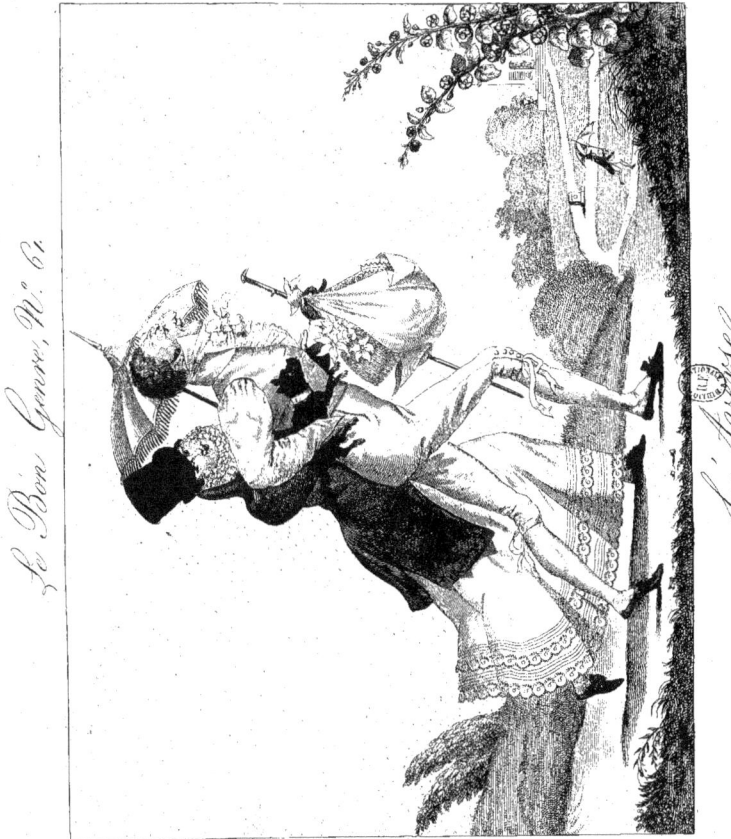

L'Archer.

Le gracieux Mr de M.d de Paris, s'est dernièrement donné partie des rois Altesses en faveur de son Corps dans le parte de l'Arçonne dans son Alsatière et le Dimanche jeudi Poste.

Le Bon Genre. N°. 62.

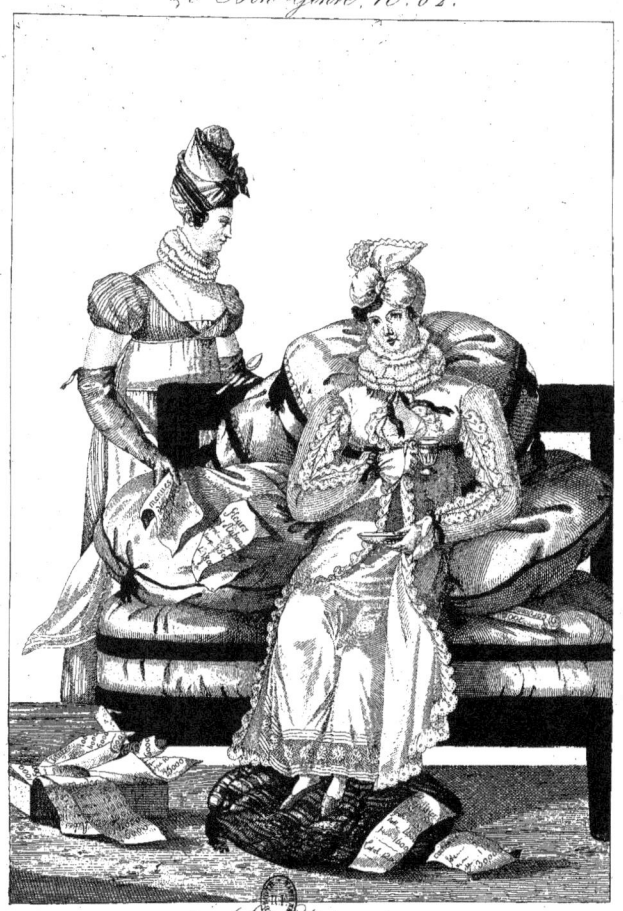

Les Vapeurs
ou
Le Jour des Mémoires.

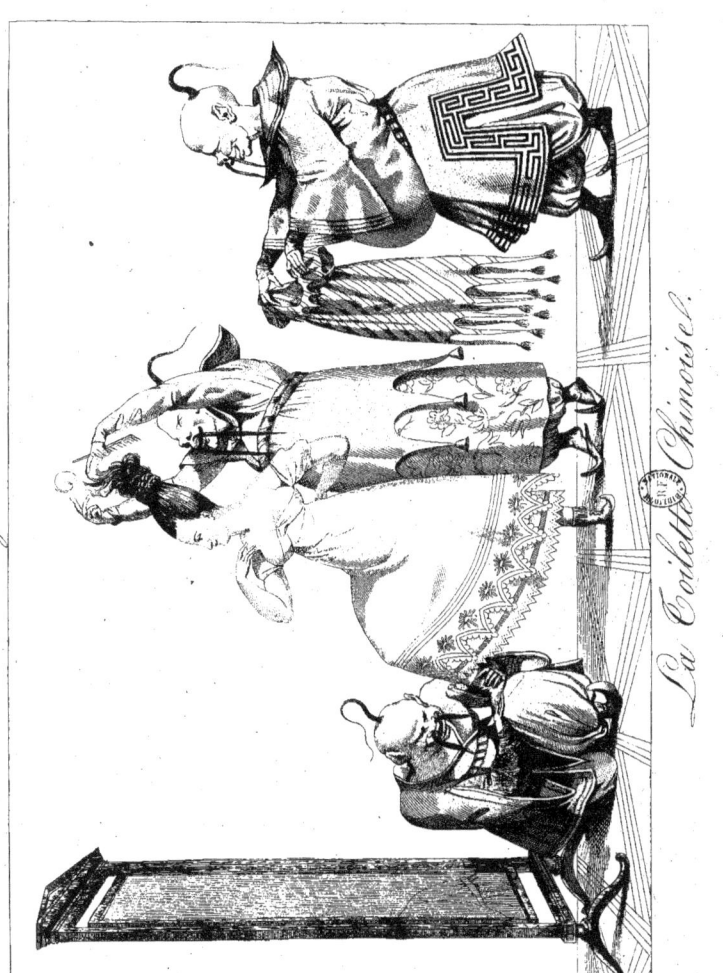

Le Bon Genre, N.º 63.

La Toilette Chinoise.

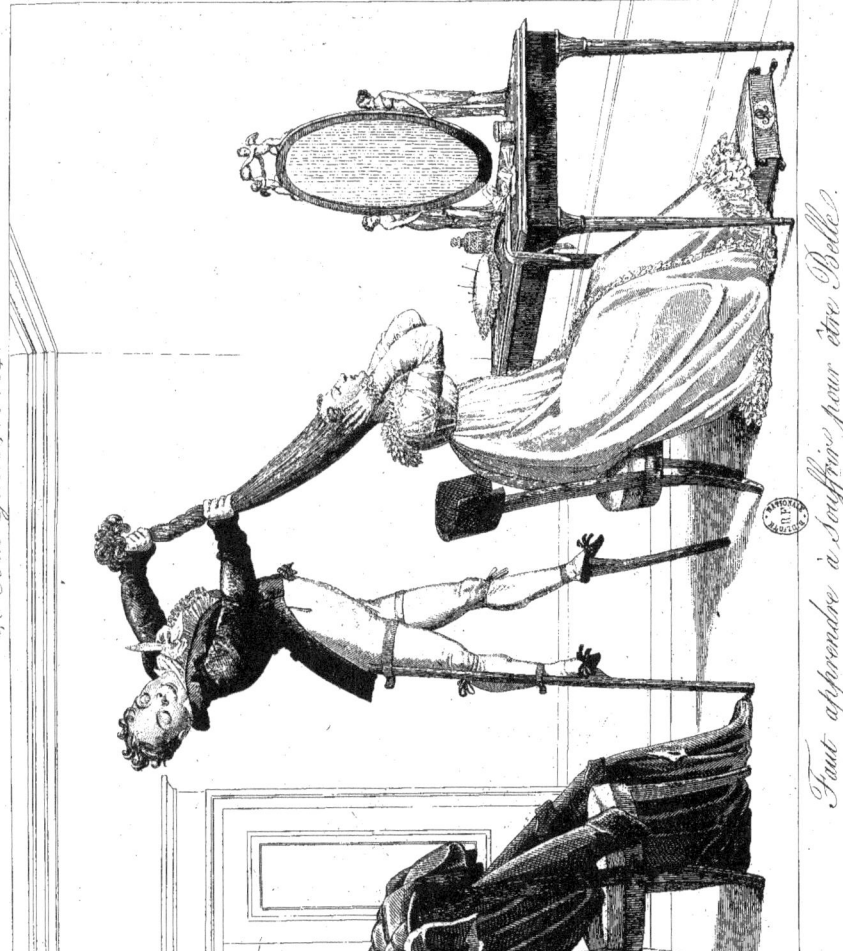

Le Bon Genre. N.º 64.

Faut apprendre à Souffrir pour être Belle.

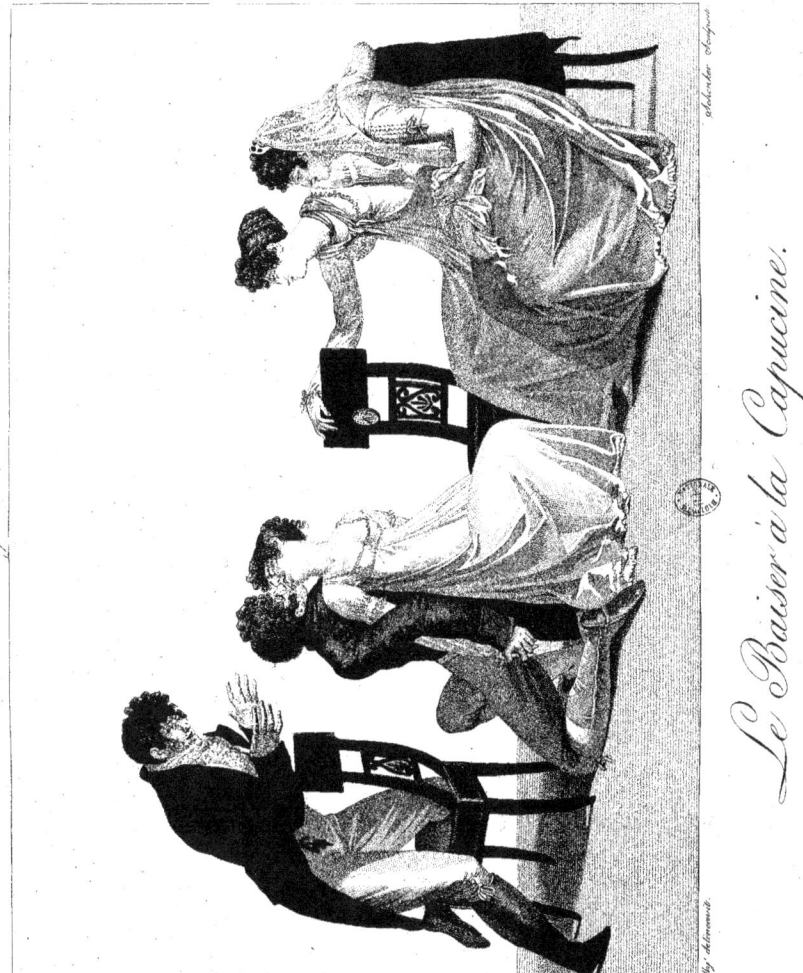

Le Bon Genre, N°.65.

Le Baiser à la Capucine.

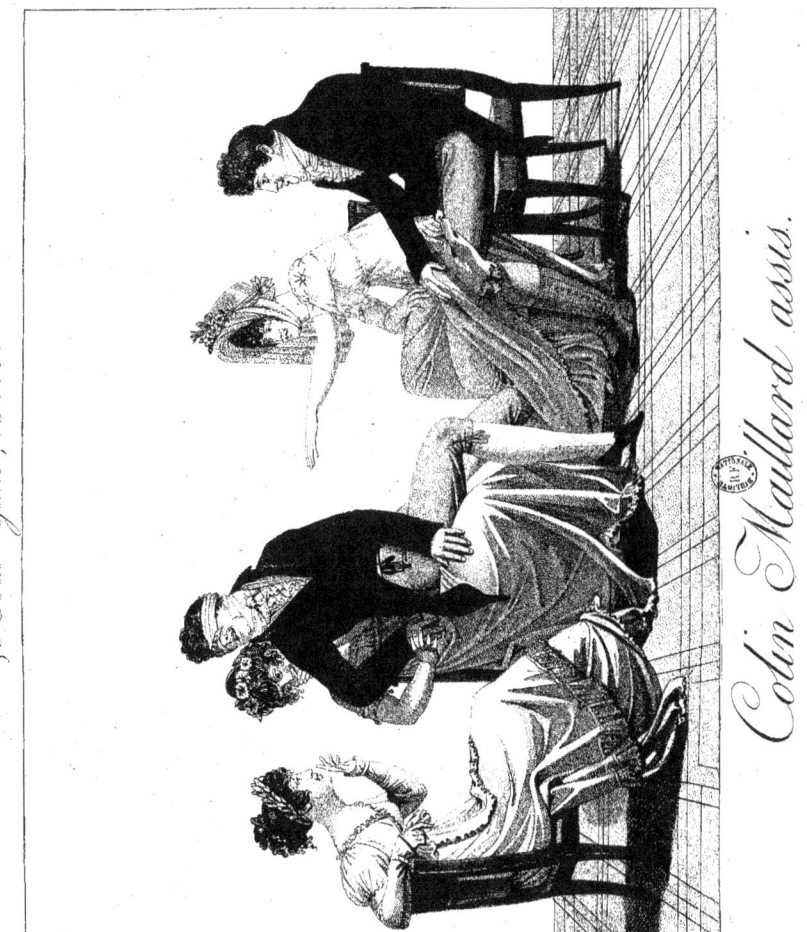
Le Bon Genre, N.º 66.
Colin Maillard assis.

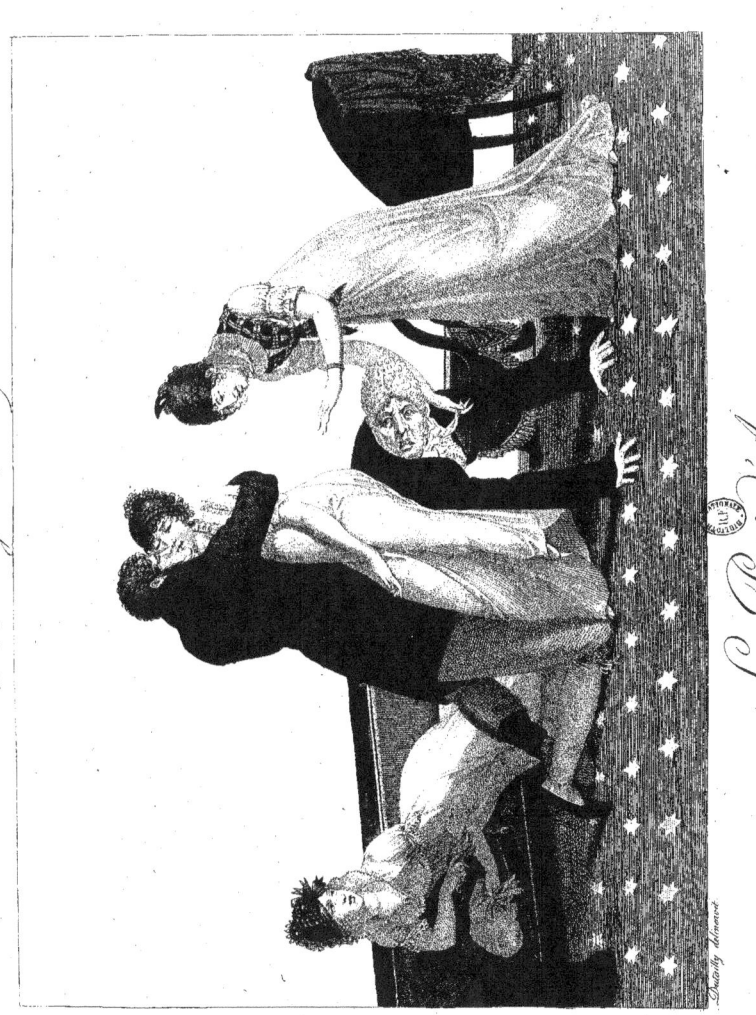

Le Bon Genre, N.º 67.

Le Pont d'Amour.

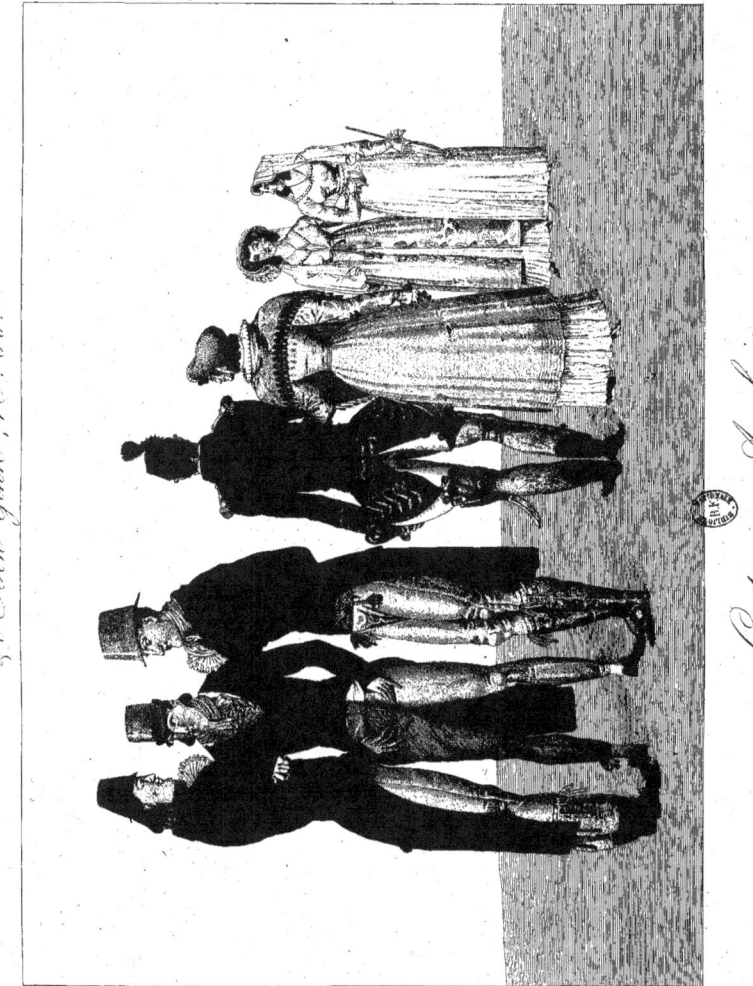

Le Bon Genre, N°. 68.

Costumes Anglais.

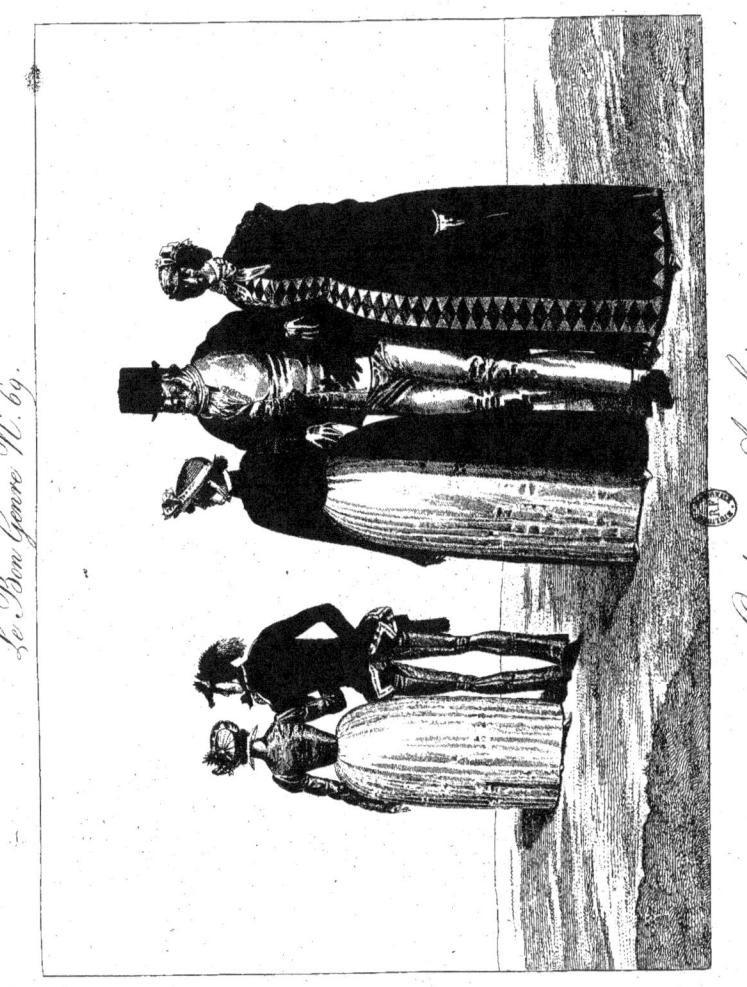

Le Bon Genre N.º 69.

Costumes Anglais.

Paris. Le Bon Genre. N.º 70.

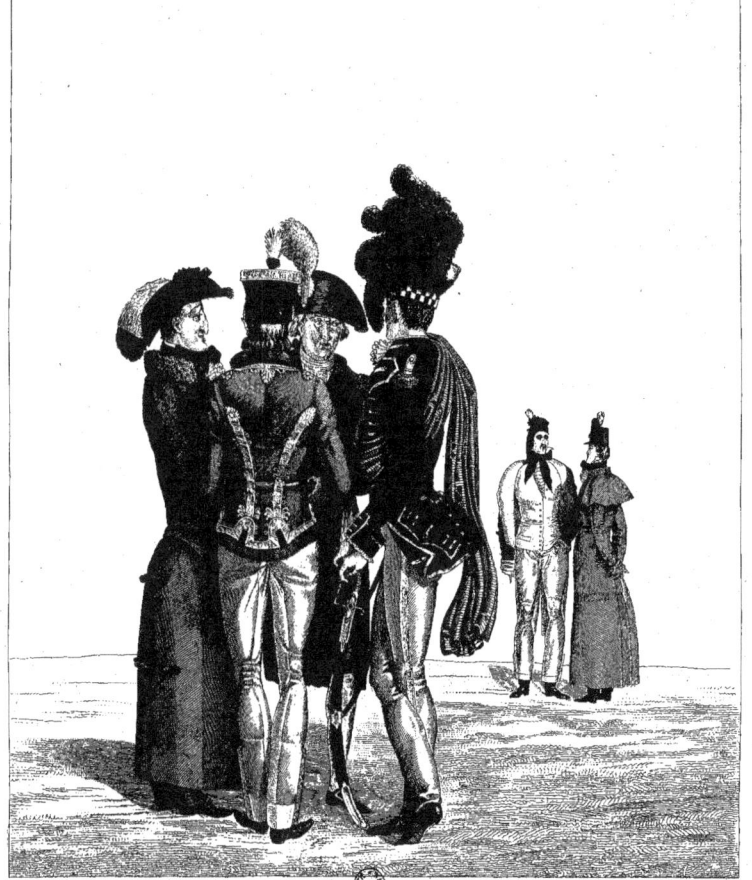

Uniformes Anglais.

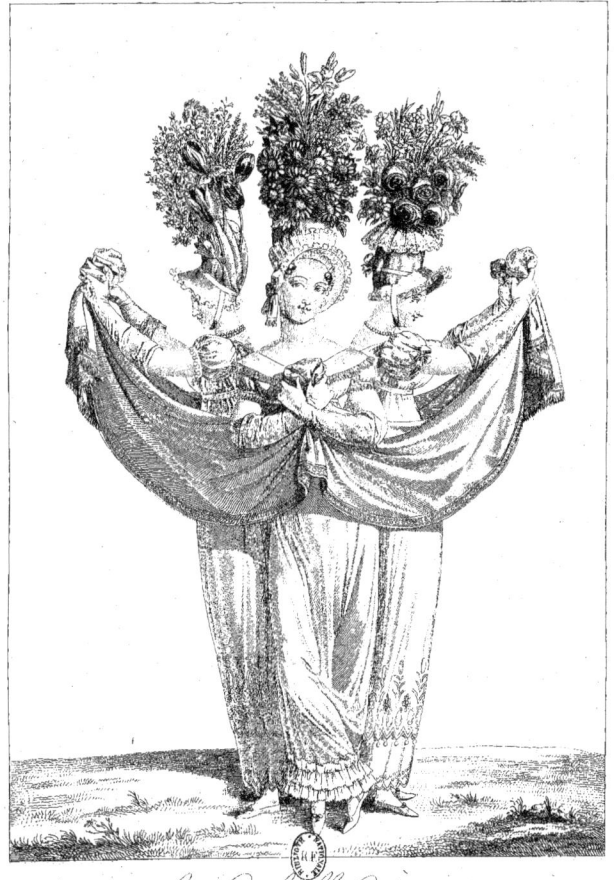

La Corbeille Vivante.

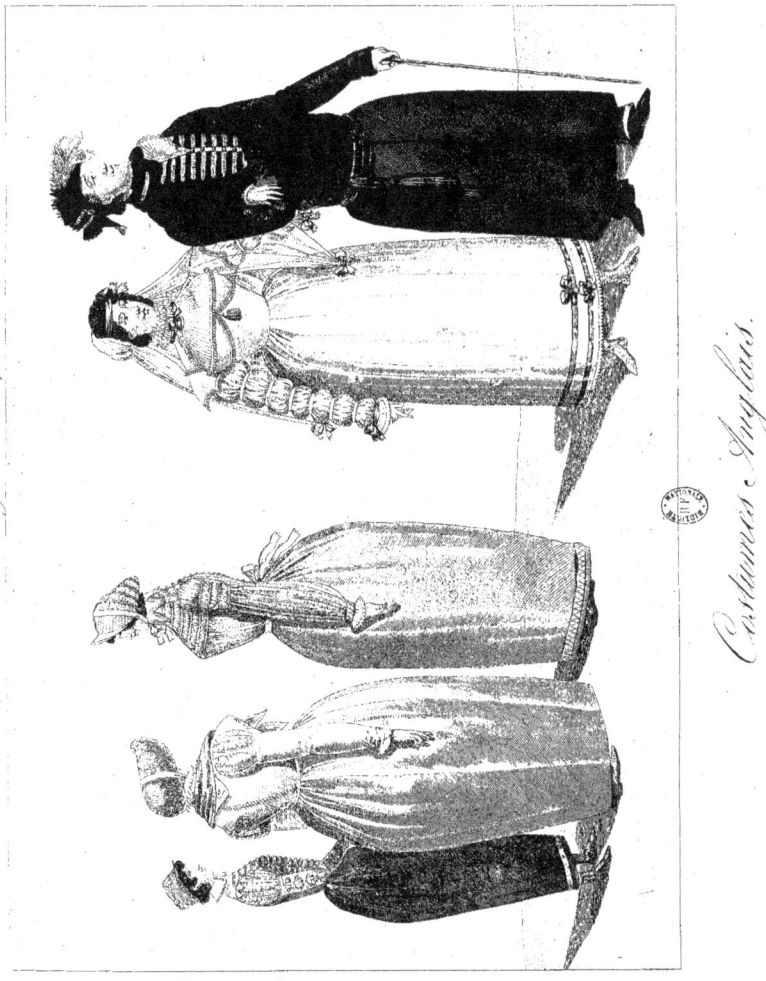

Le Bon Genre, N.º 72.

Costumes Anglais.

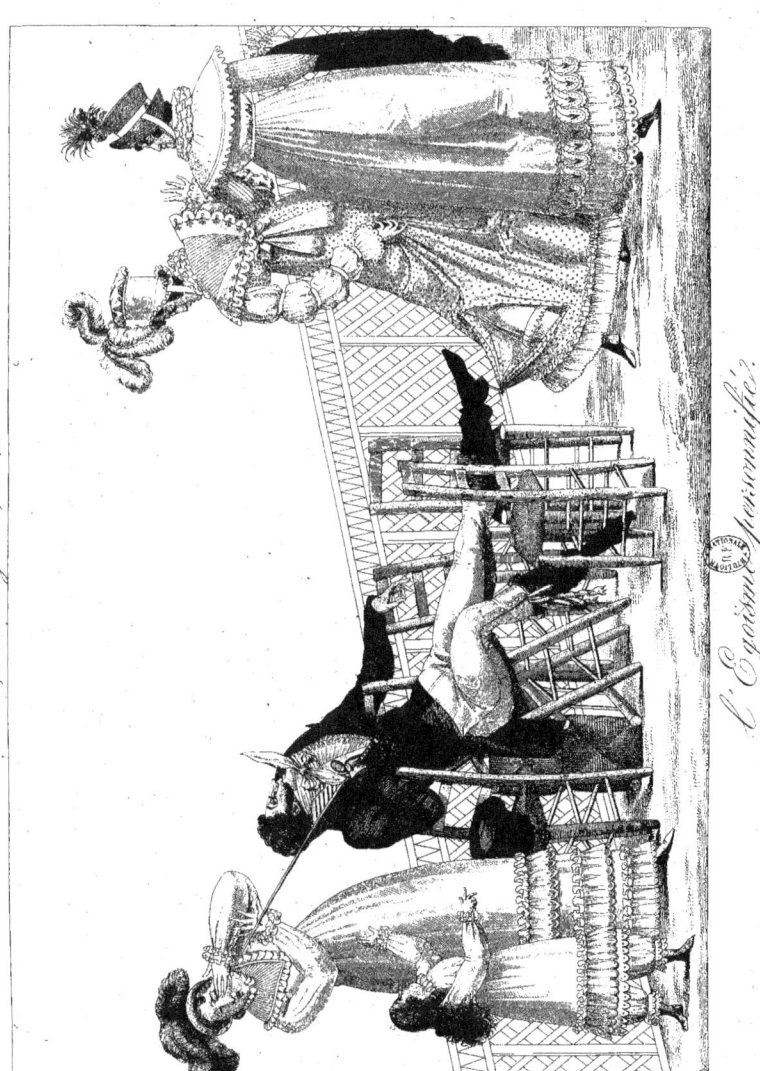

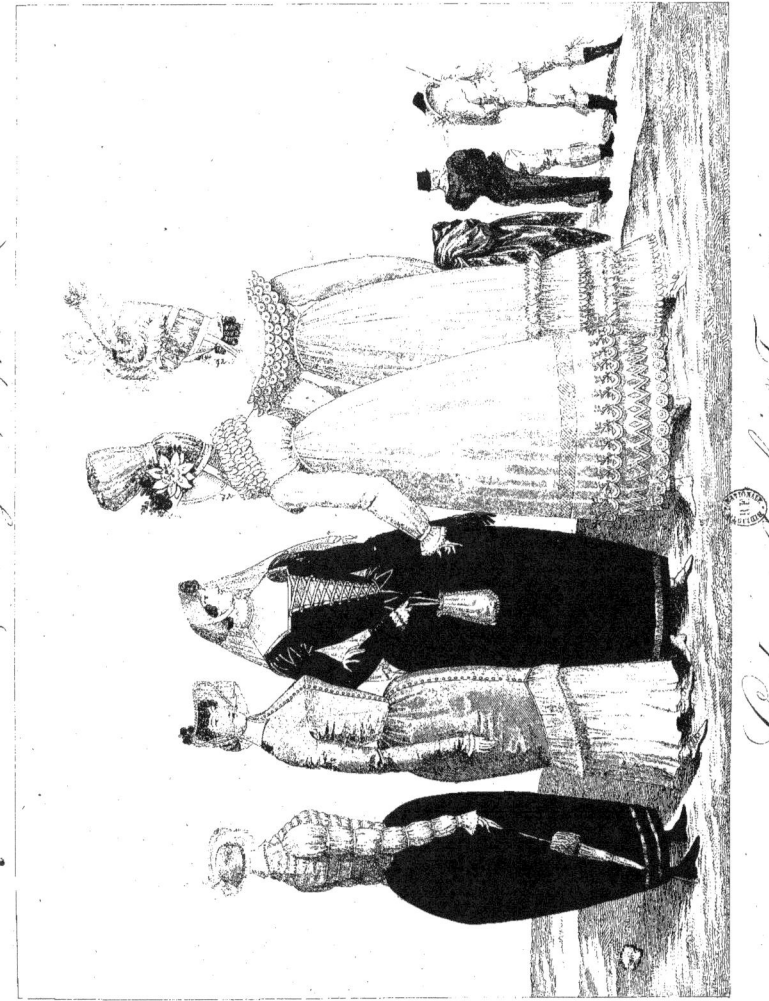

Le Bon Genre, N.º 74.

Costumes Anglais et Français.

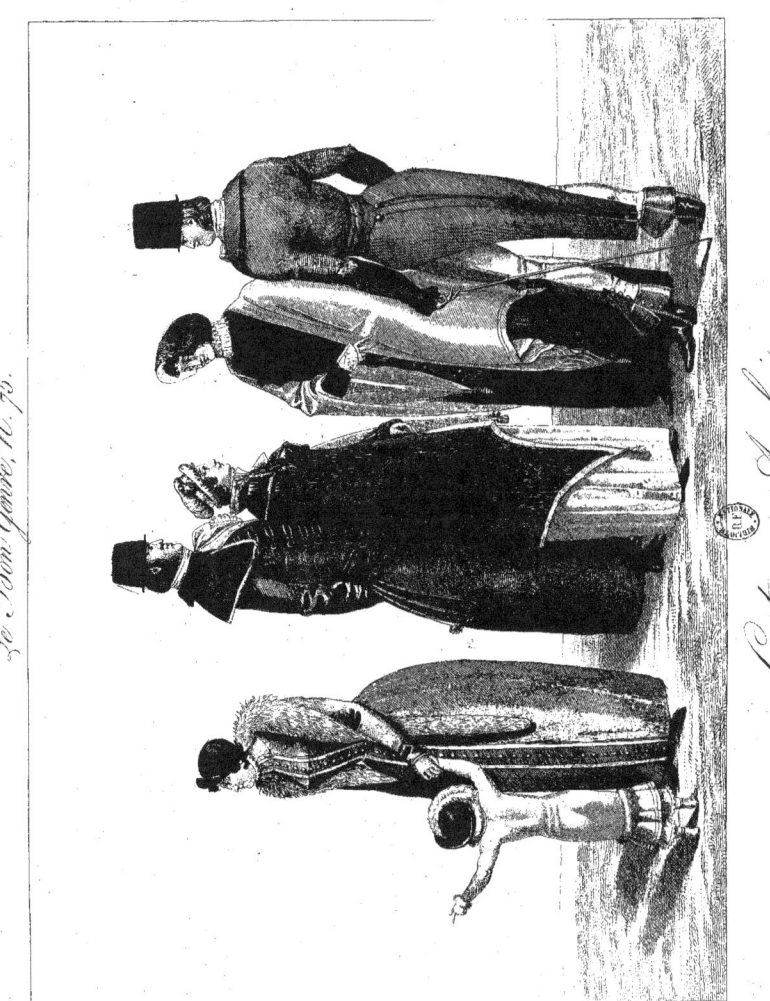

Le Bon Genre, N.º 75.

Costumes Anglais.

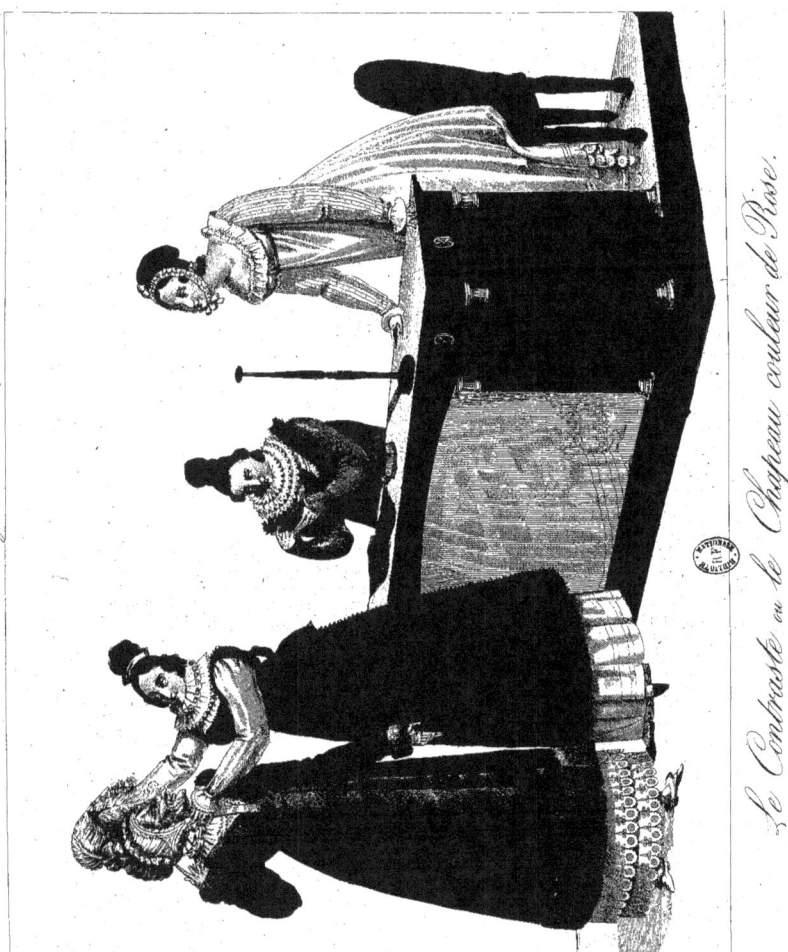

Le Bon Genre, N.° 76.

Le Contraste ou le Chapeau couleur de Rose.

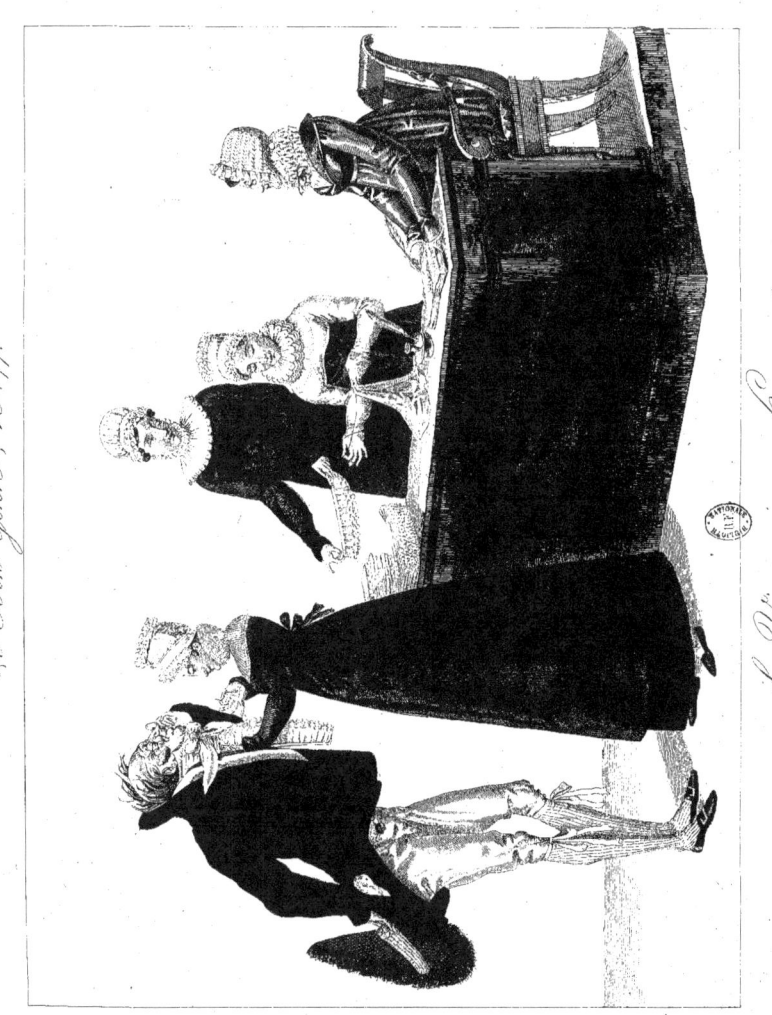

Le Bon Genre, N.º 77.

Le Vieux jeune Homme.

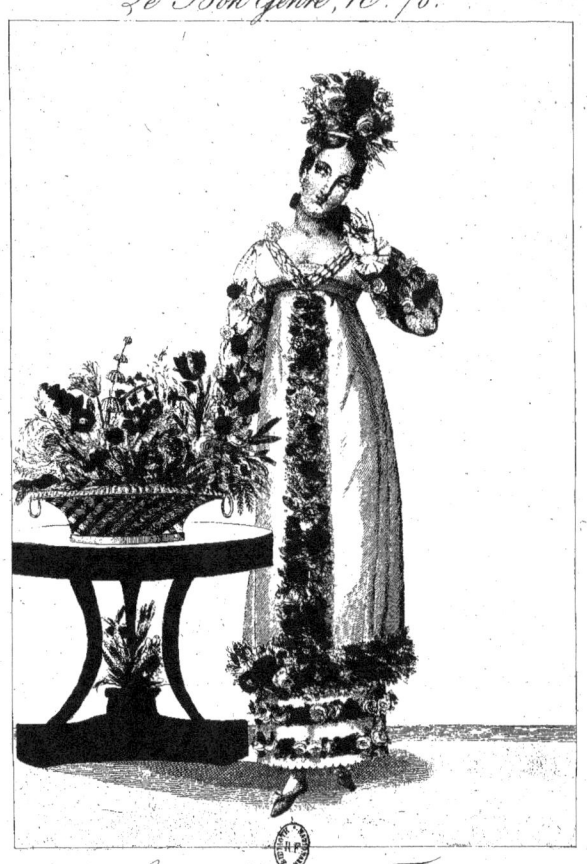

Le Bon Genre, N.° 78.

La manie des Fleurs.

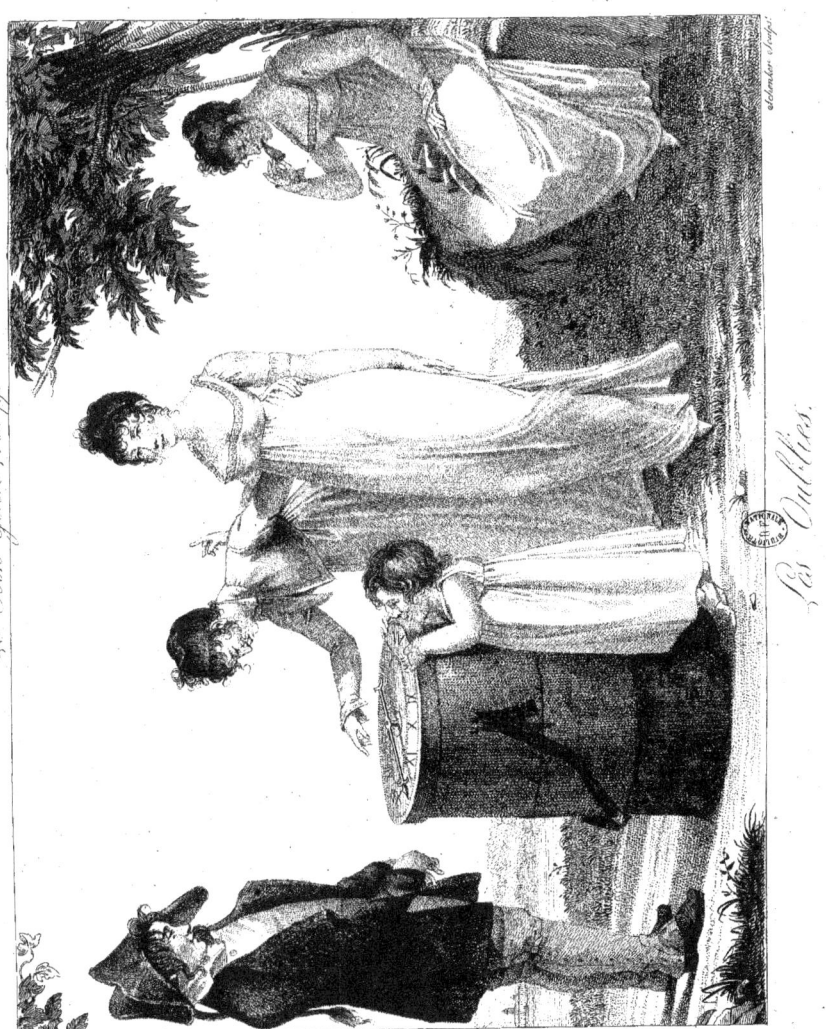

Le Bon Genre, N.° 79.   Les Oubliés.

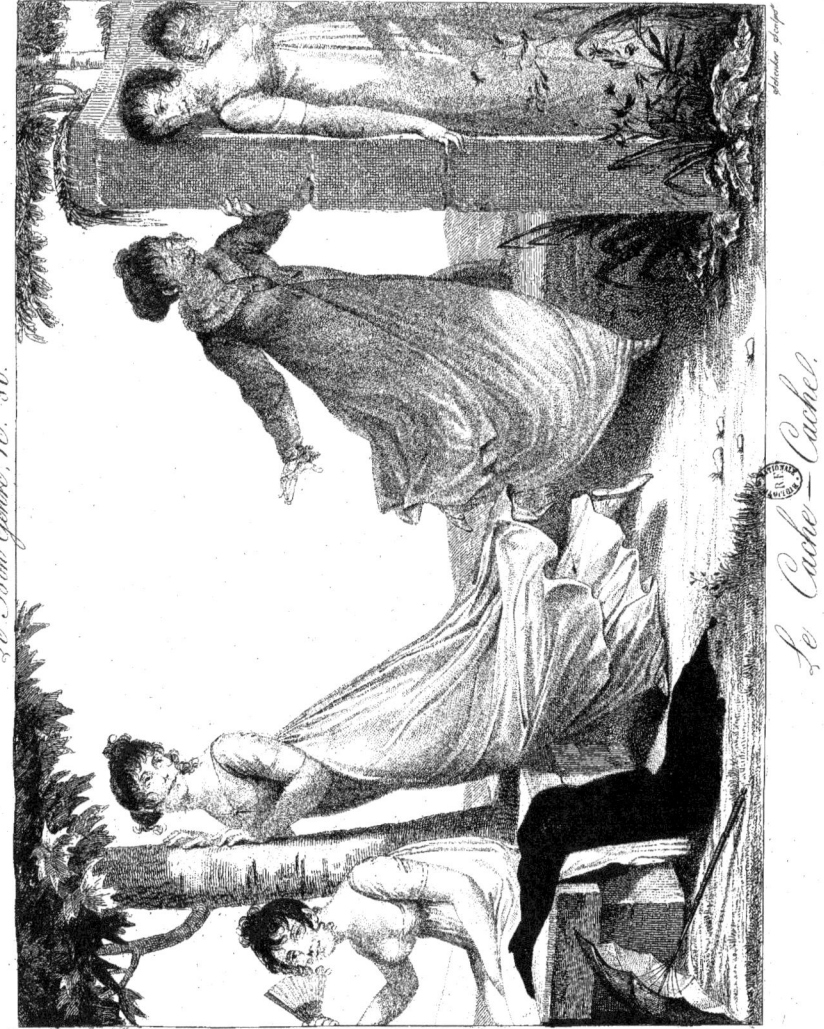

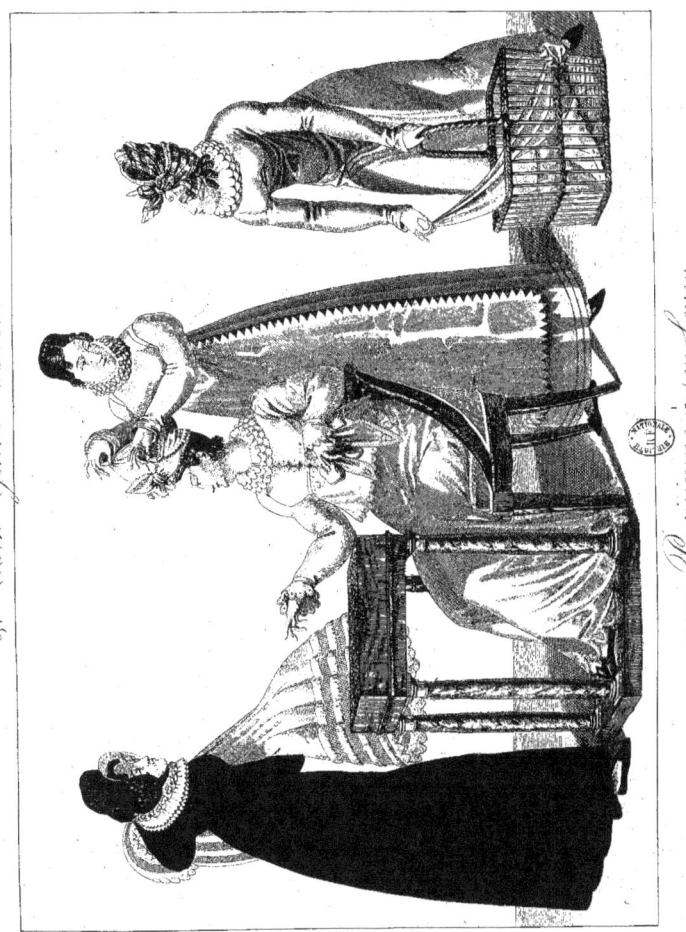

Le Bon Genre N.º 81.

une Parisienne et son Laver.

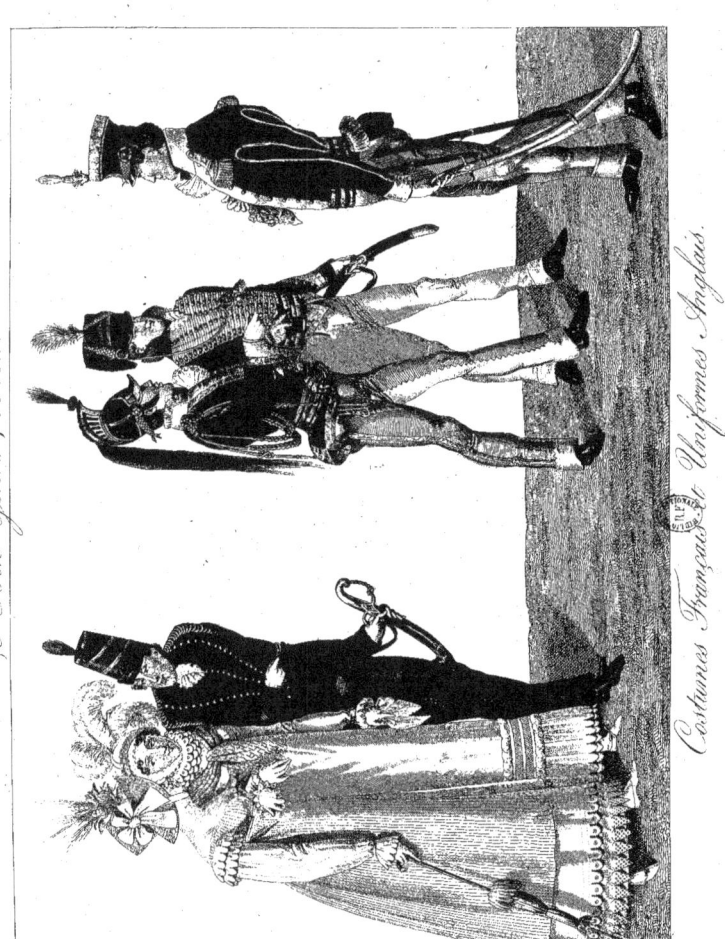

Le Bon Genre, N.º 82.
Costumes Français et Uniformes Anglais.

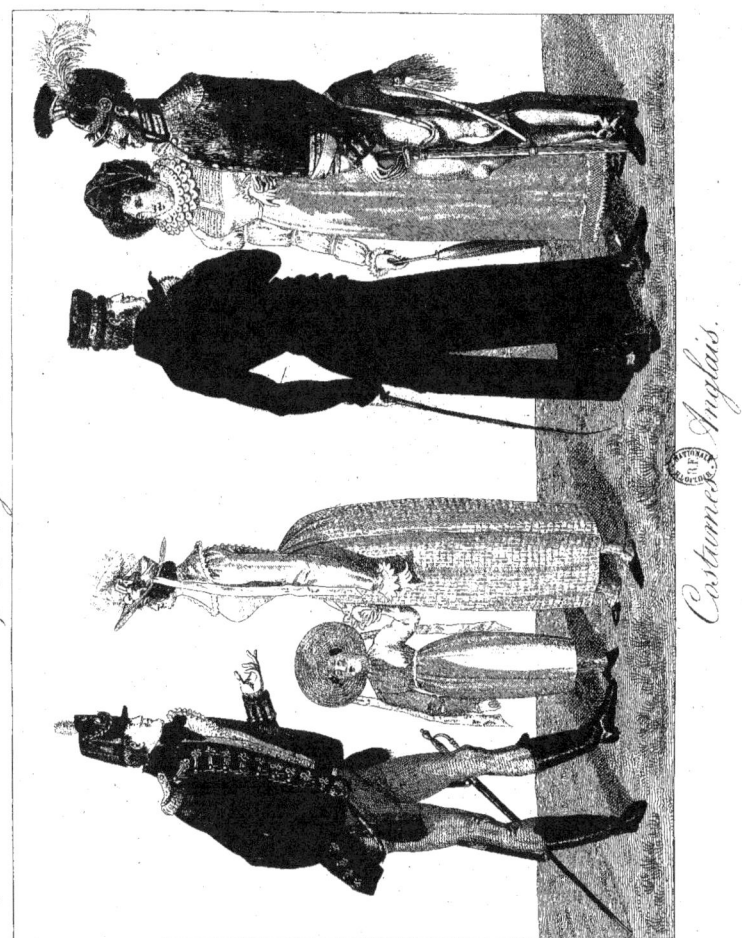

Le Bon Genre N°. 83.

Costumes Anglais.

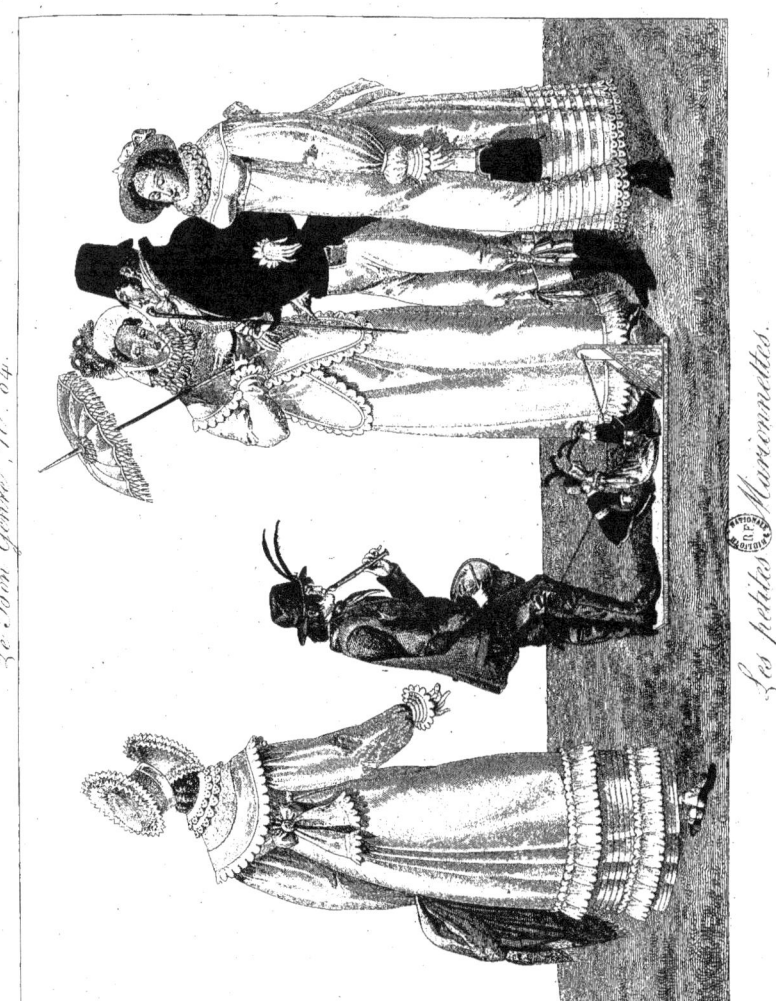

Le Bon Genre, N°. 84.

Les petites Marionnettes.

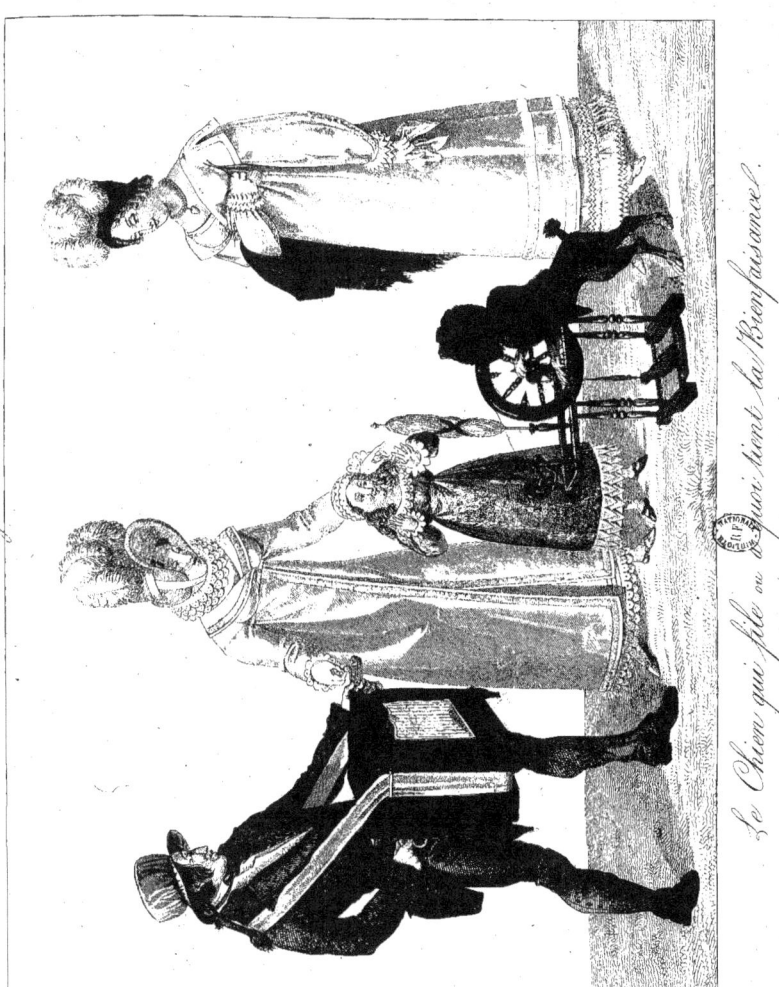

Le Bon Genre, N°. 85.

Le Chien qui file ou de quoi vivent les Bienfaisance?

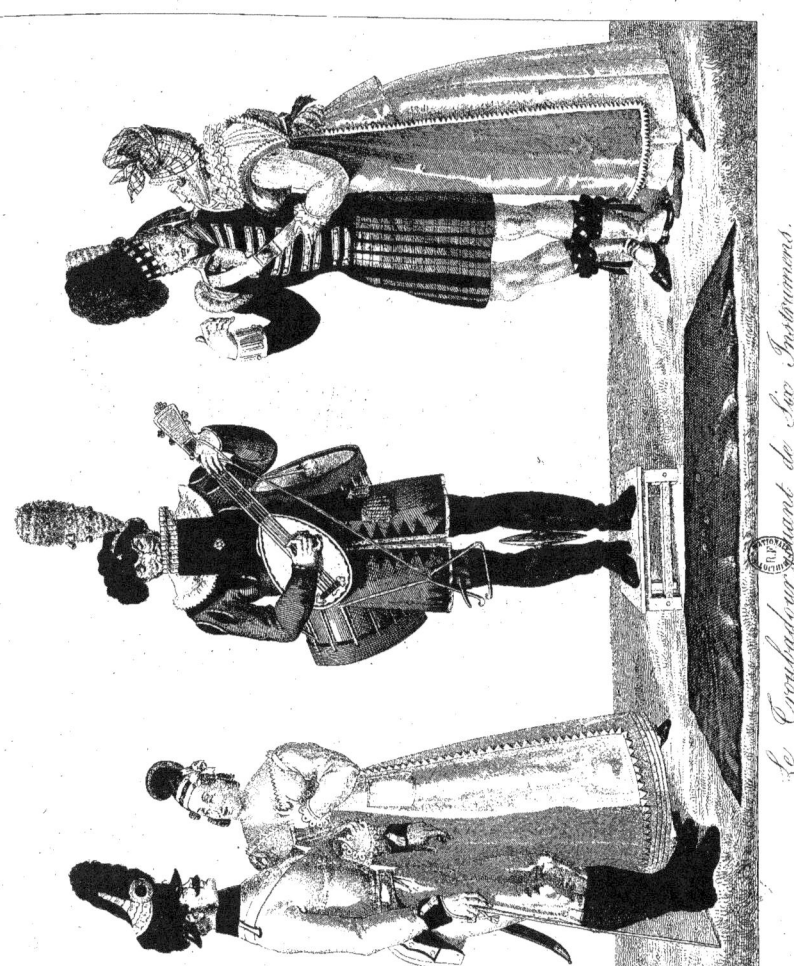

Le Troubadour marchant de Sax Instrumens.

Le Bon Genre, N° 87.

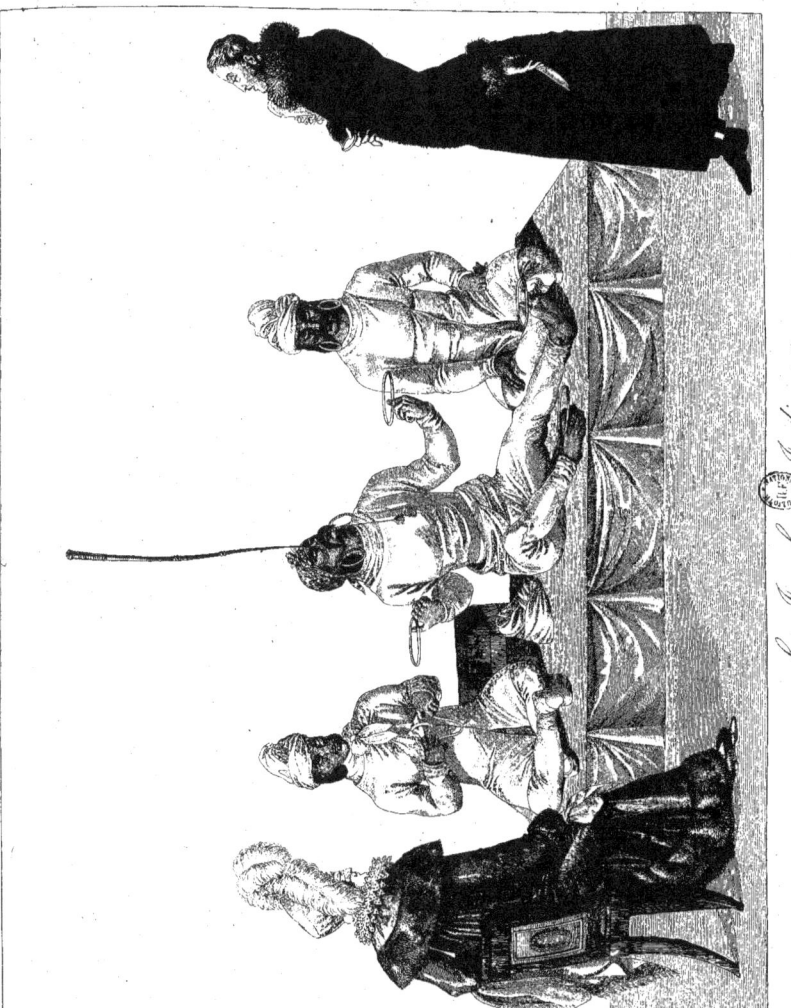

Les Jongleurs Indiens.

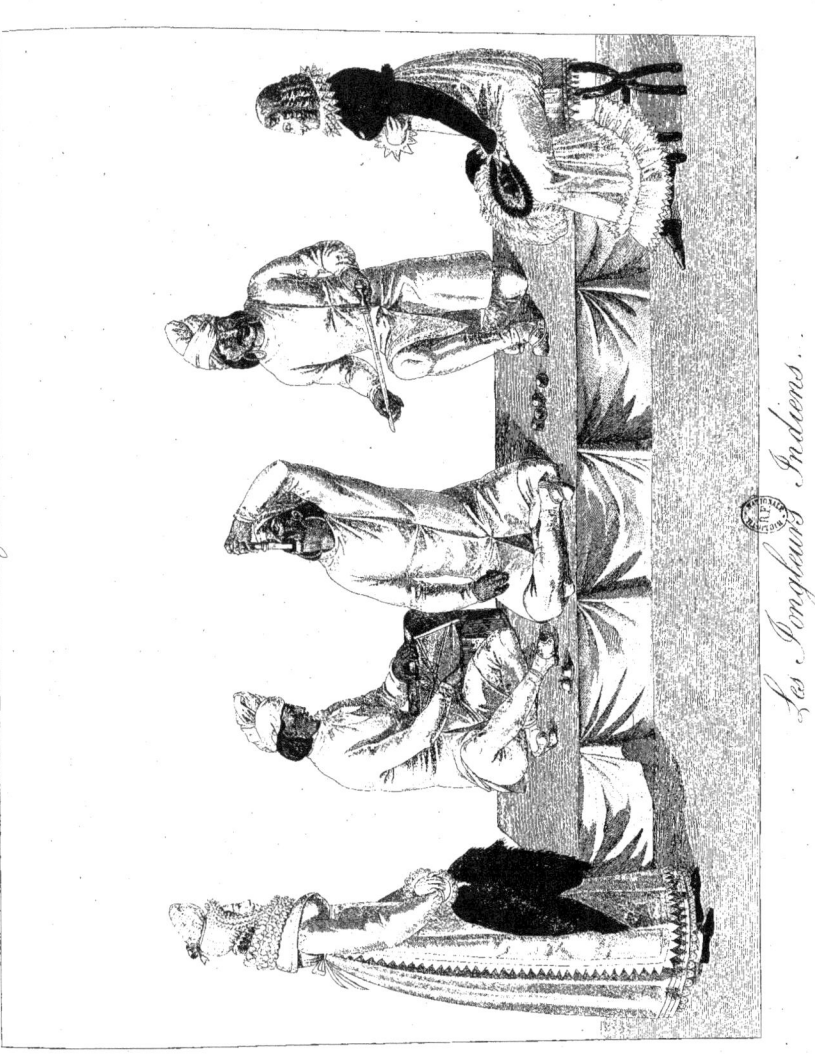

Les Bons Genres. N.° 83.   Les Jongleurs Indiens.

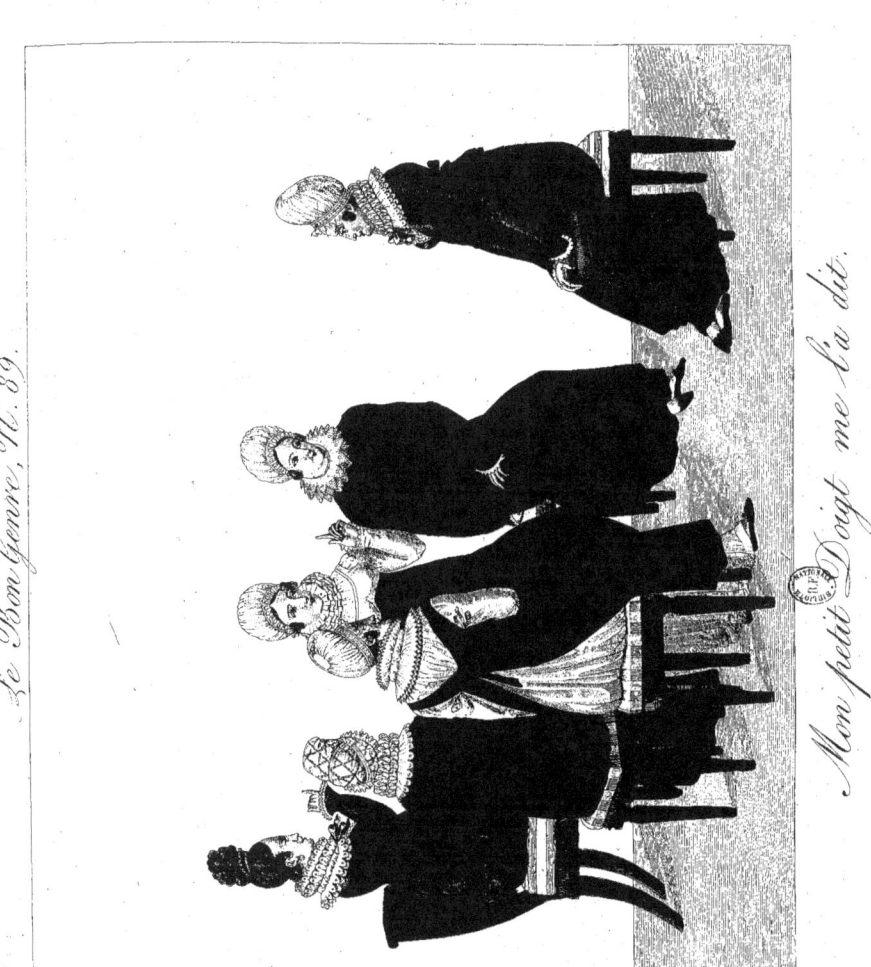

Le Bon Genre, N.° 89.

Mon petit Doigt me l'a dit.

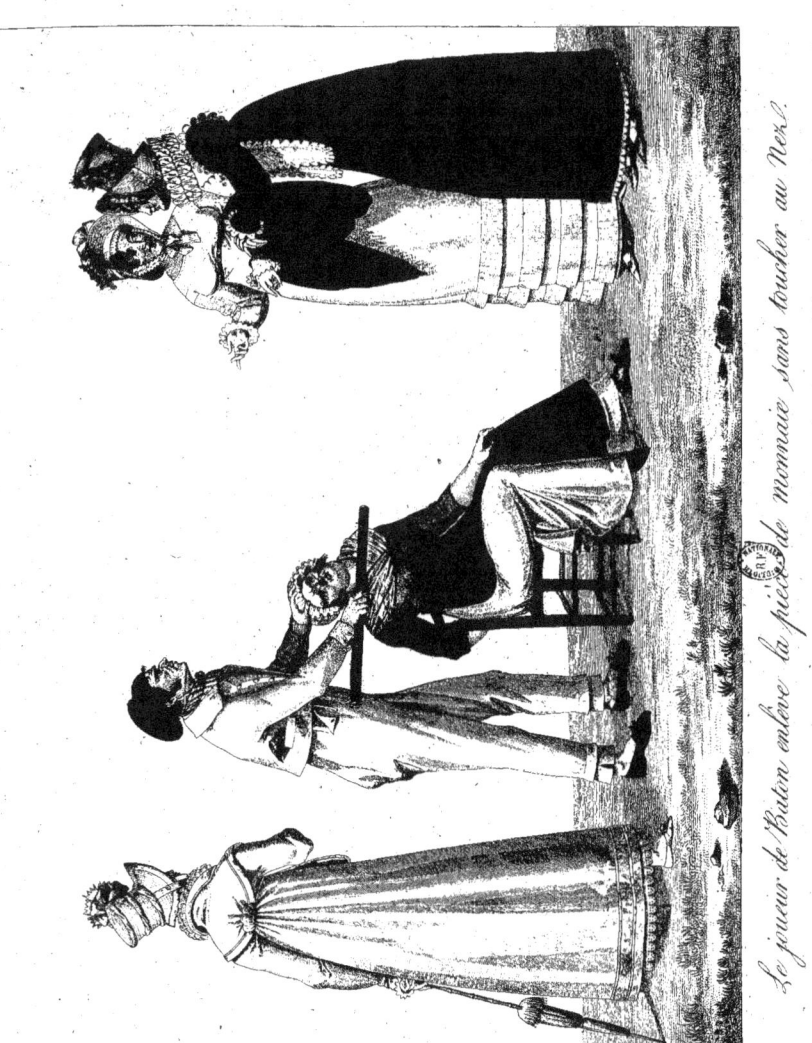

Le Bon Genre, N.º 90.

Le joueur de Baton enlève la pièce de monnaie sans toucher au Nez?.

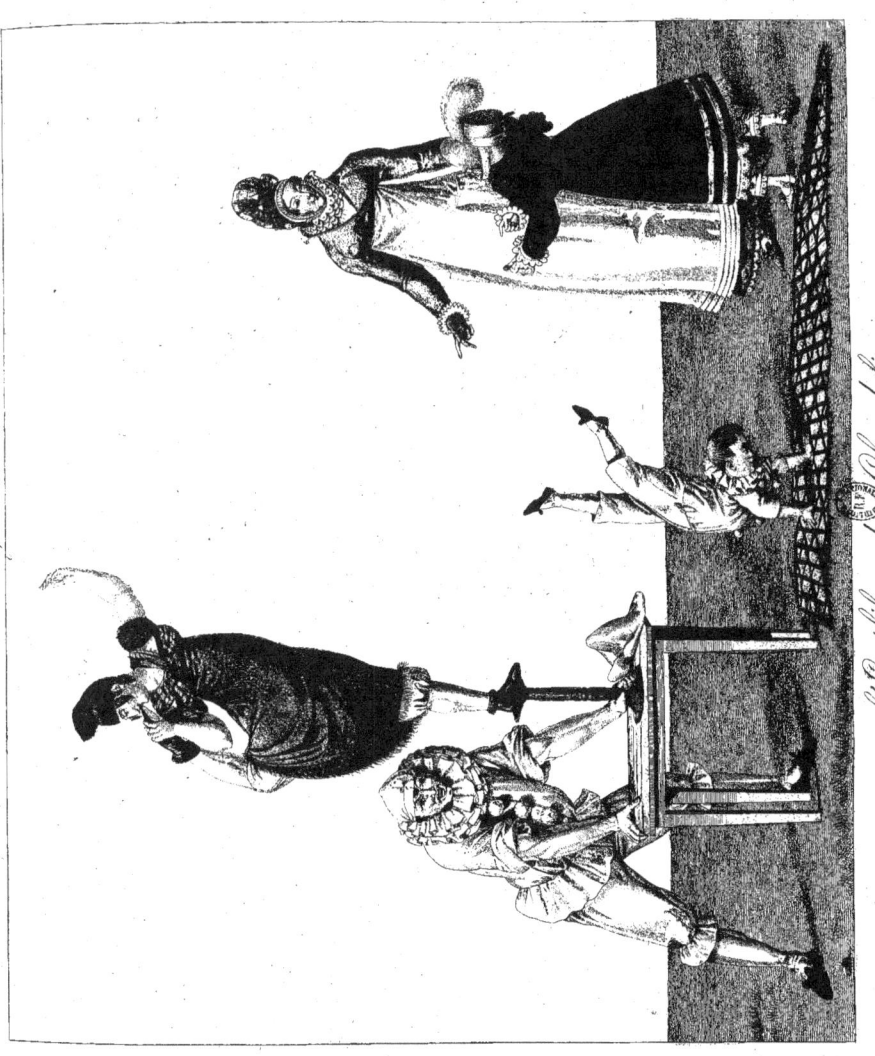

L'Equilibre du Chandelier.

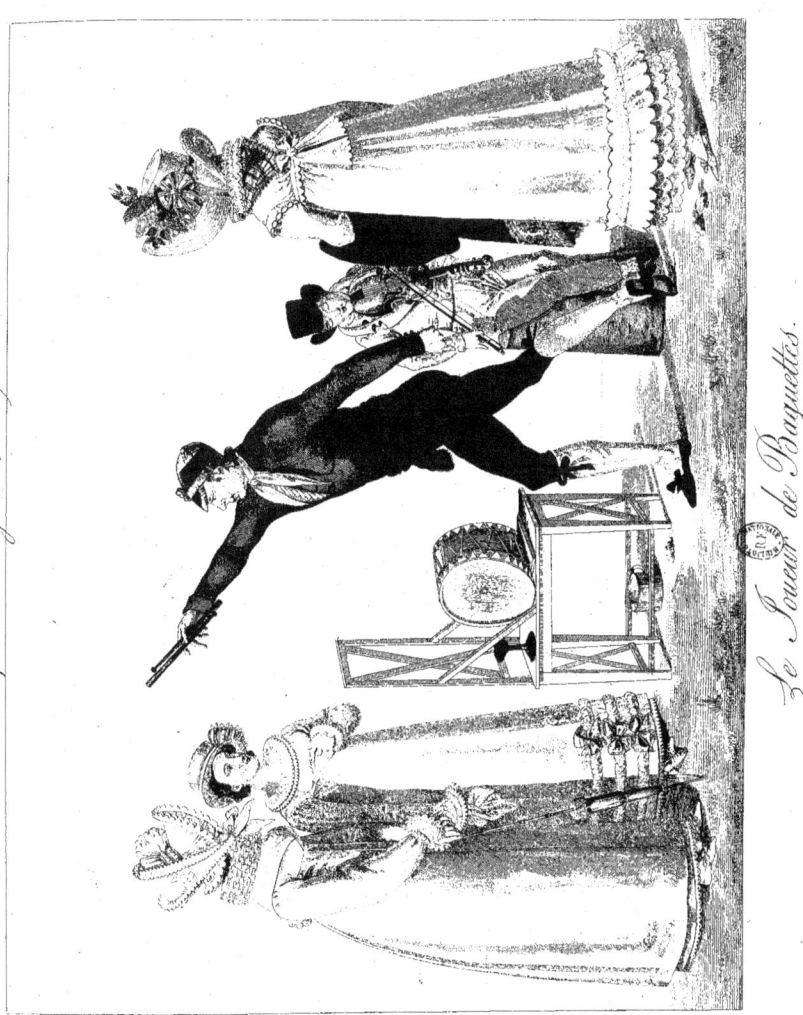

Le Bon Genre, N.º 92.   Le Joueur de Baguettes.

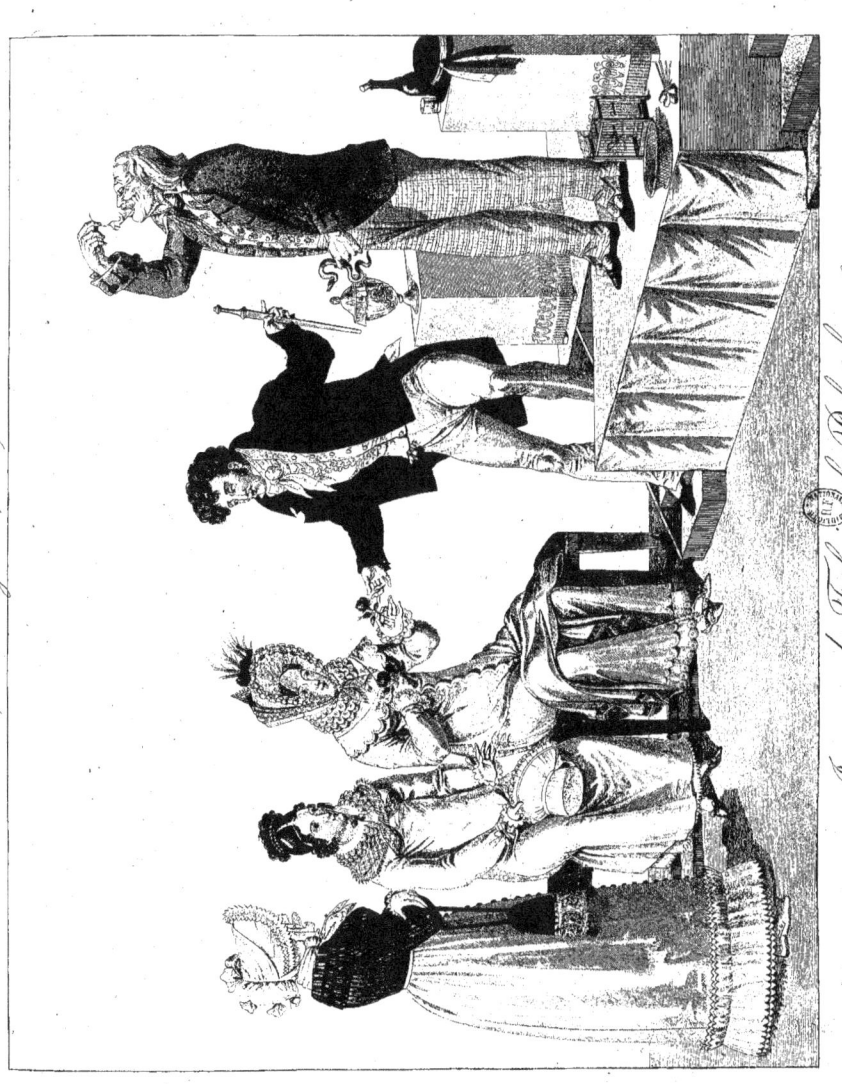

Le Bon Genre, N.° 93.

Jacques de Falaise, le Polyphage.

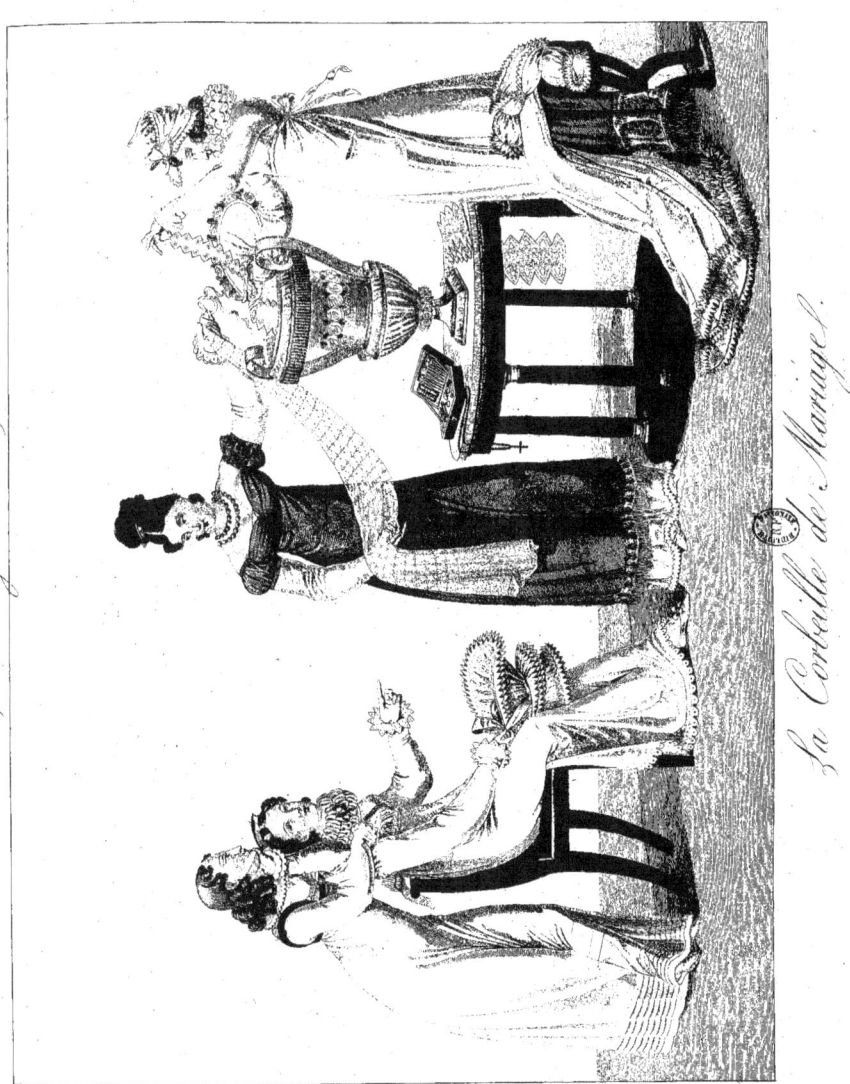

Le Bon Genre, N.º 94.

La Corbeille de Mariage.

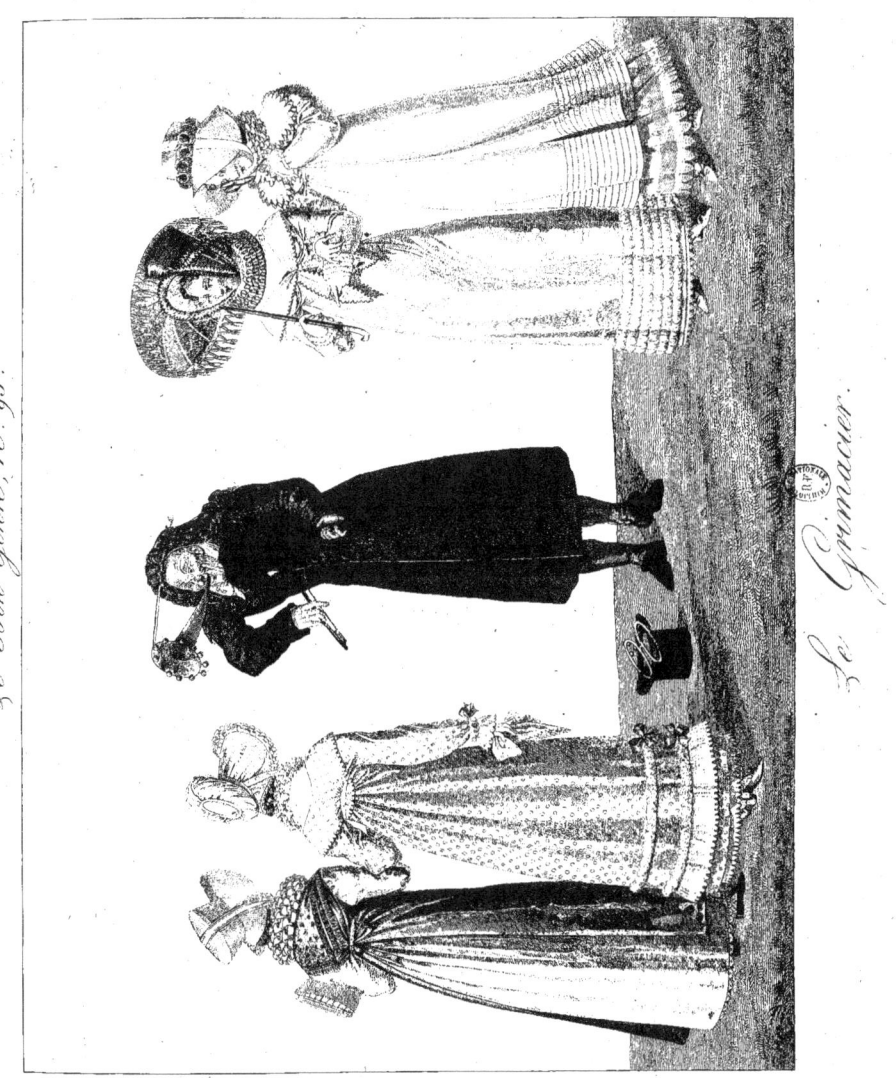

Le Bon Genre. N.º 95.

Le Grimacier.

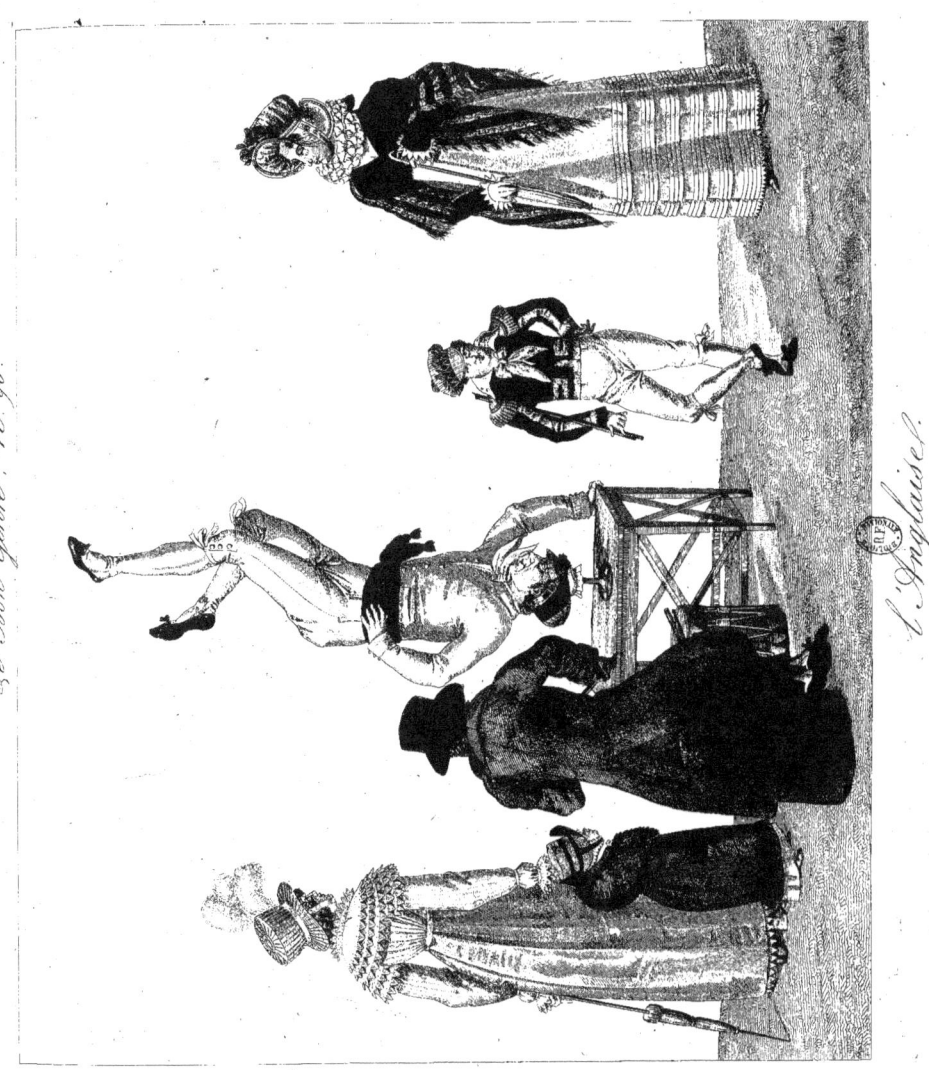

Le Bon Genre, N.º 96.

l'Anglaise.

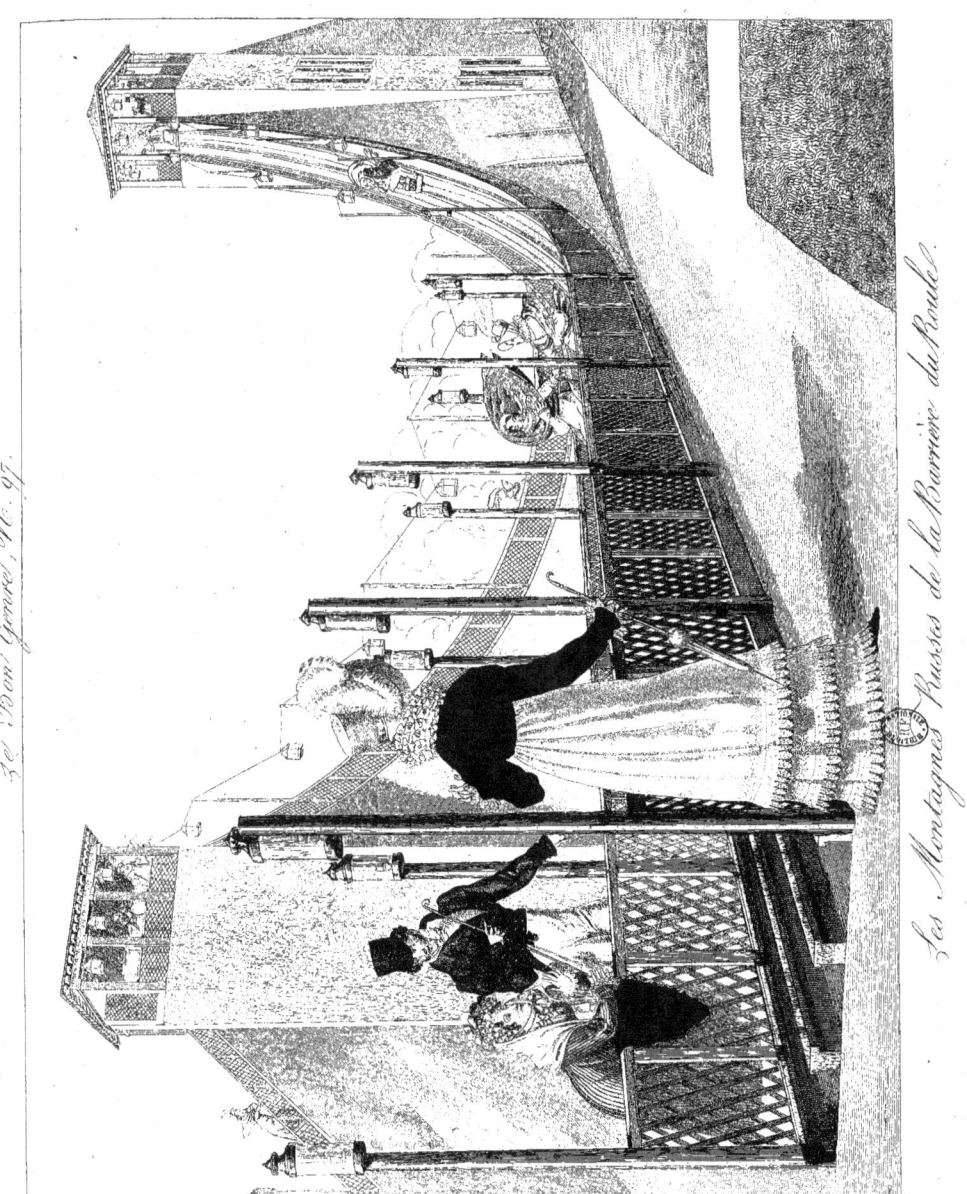

Le Bon Genre, N.º 47.

Les Montagnes Russes de la Barrière du Roule.

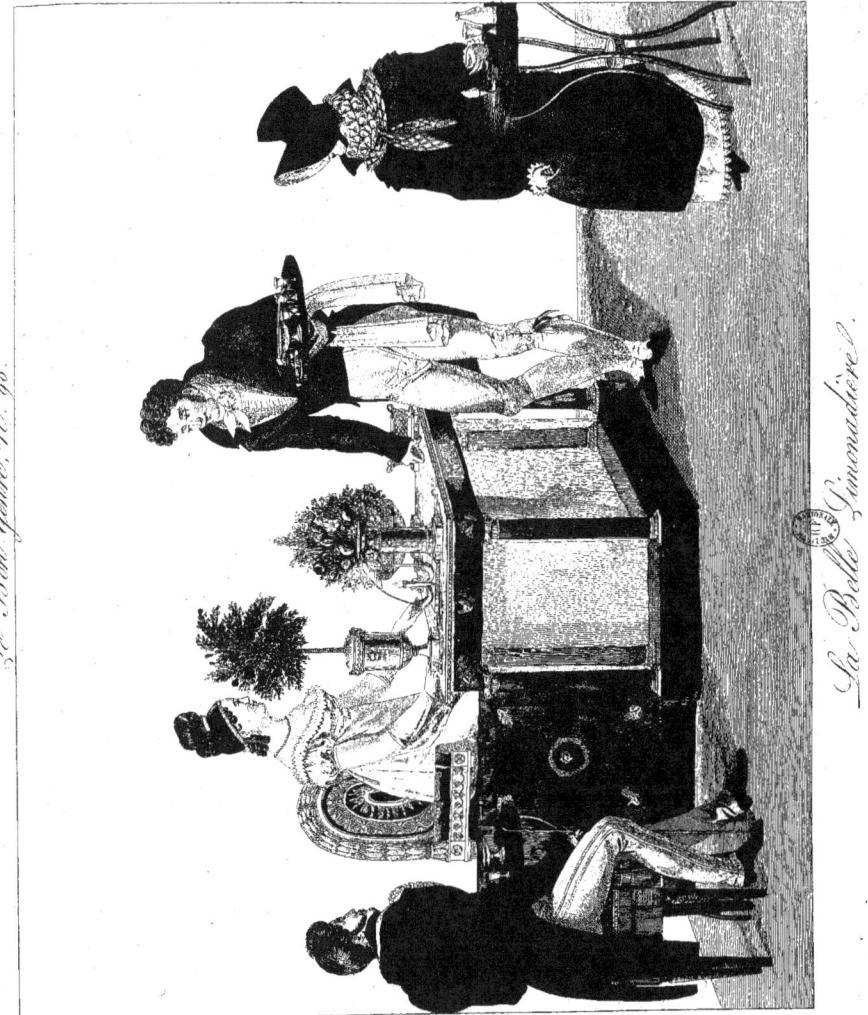

Le Bon Genre. N.º 98.

La Belle Limonadière.

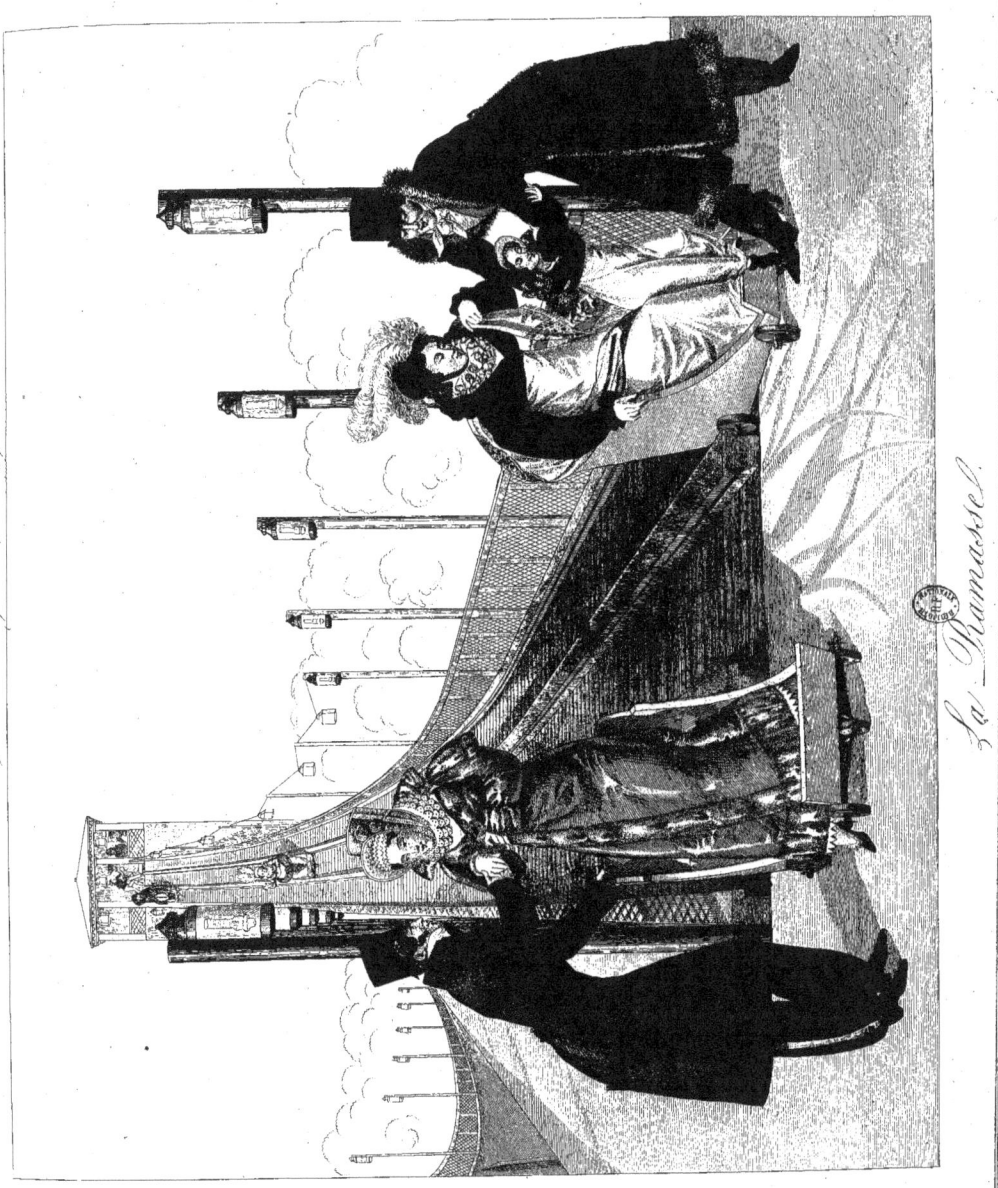

La Ramasse.

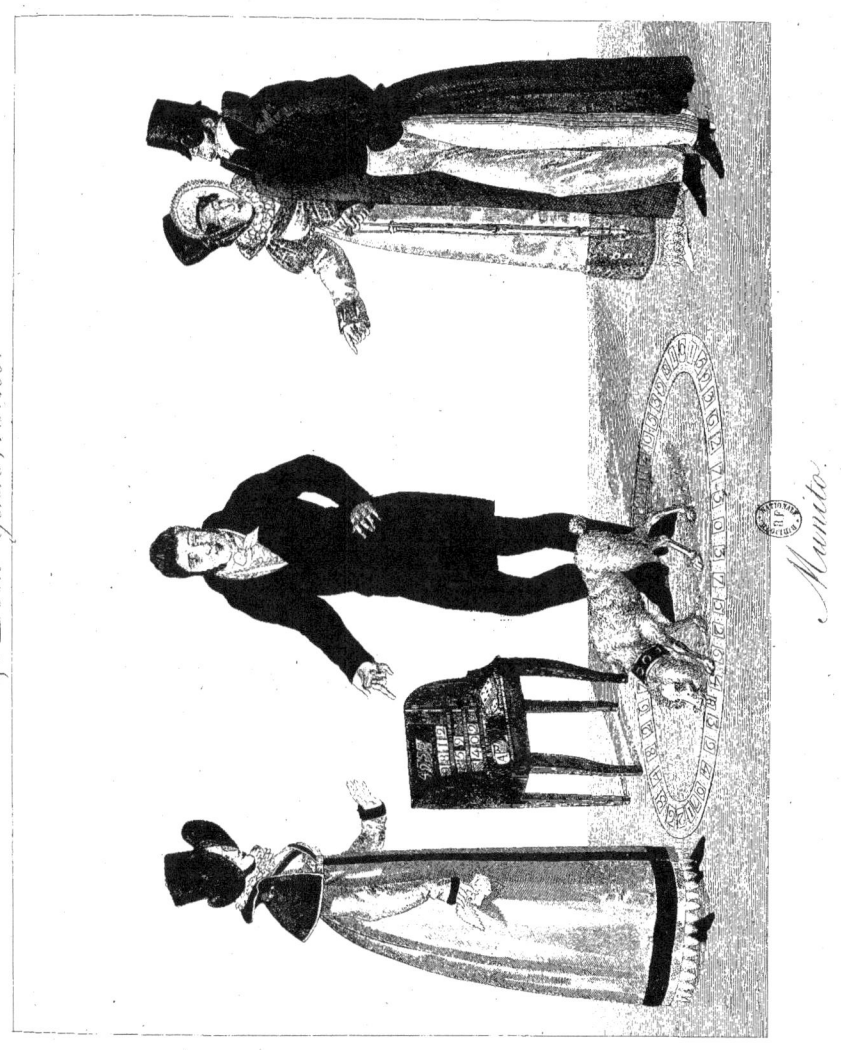
Les Bons Gens, N.º 100.
Munito.

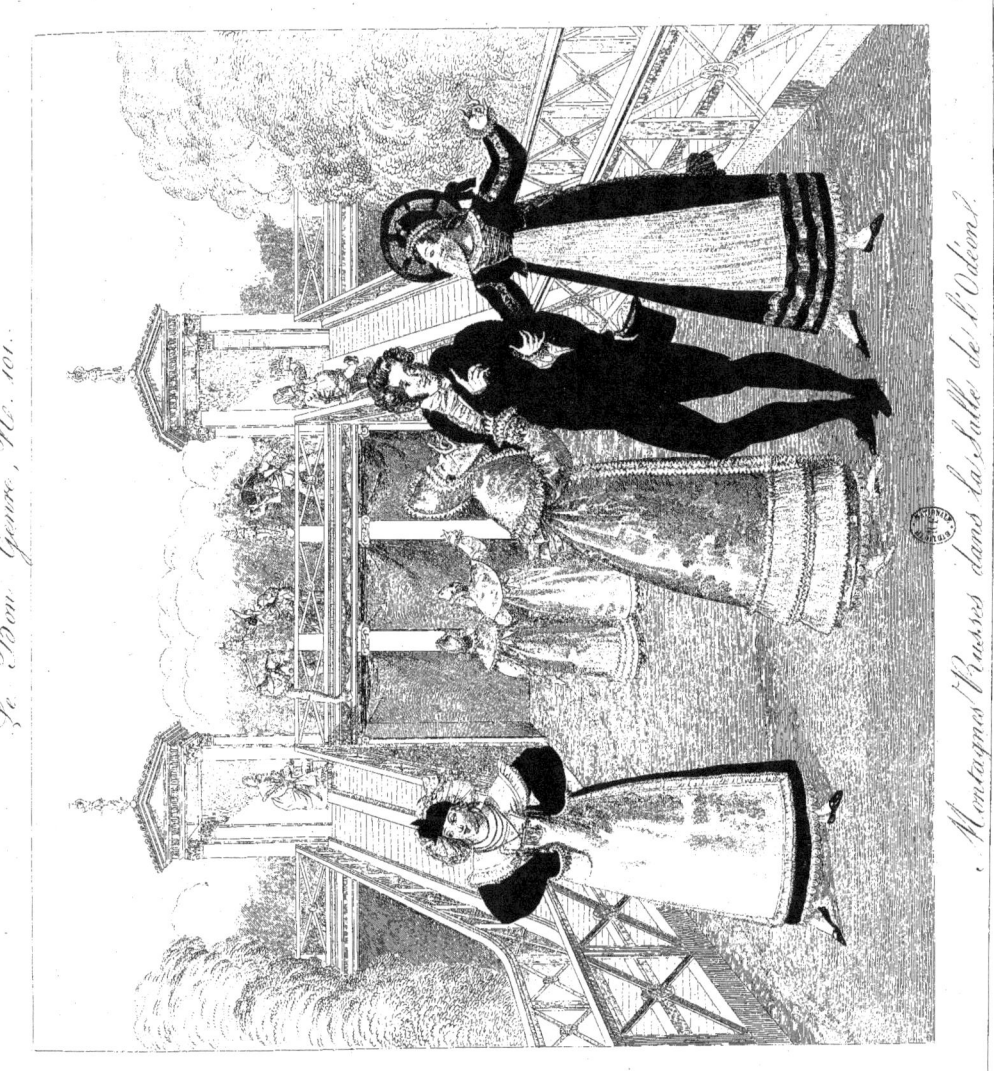

Le Bon Genre, N.º 101.

Montagnes Russes dans la Salle de l'Odéon.

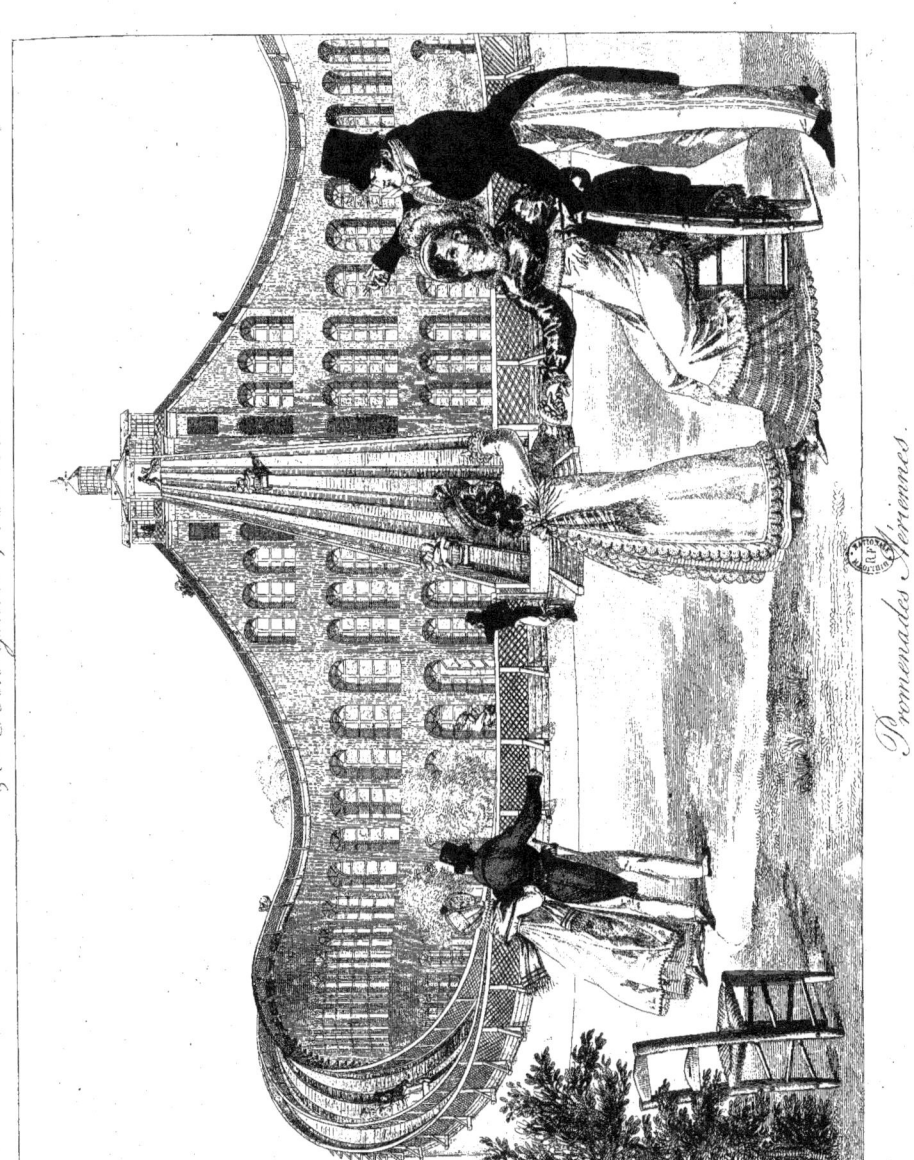

Le Bon Genre, N°. 102. Promenades Aériennes.

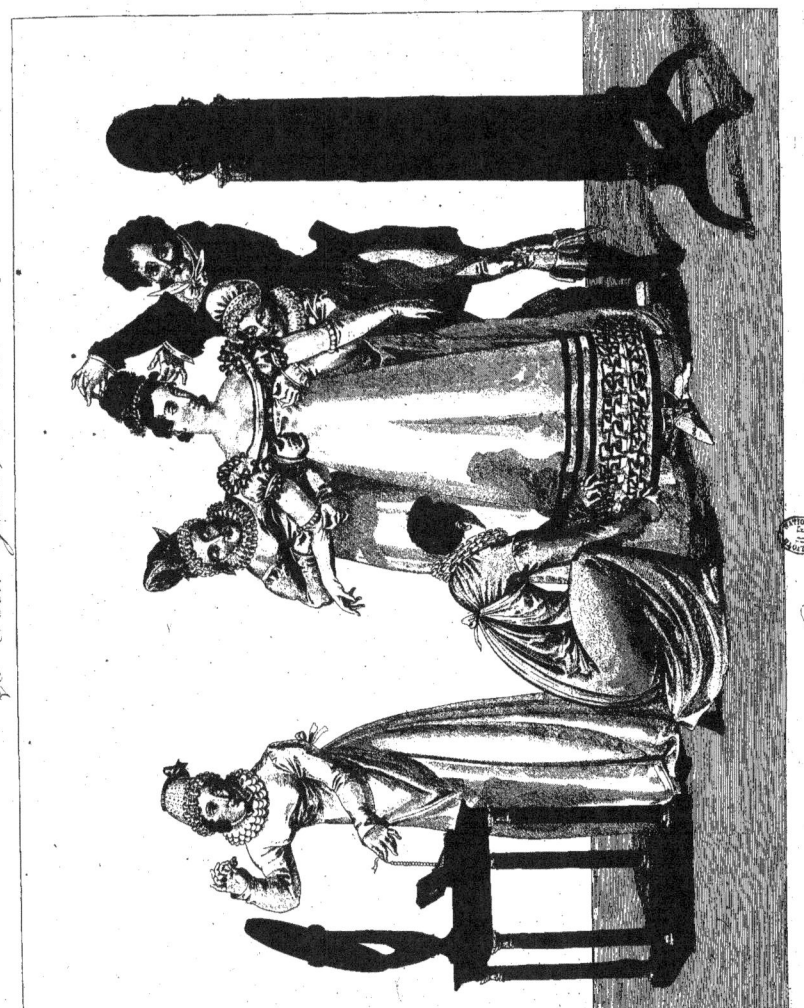

Le Bon Genre, N.º 103.

Cinq pour une.

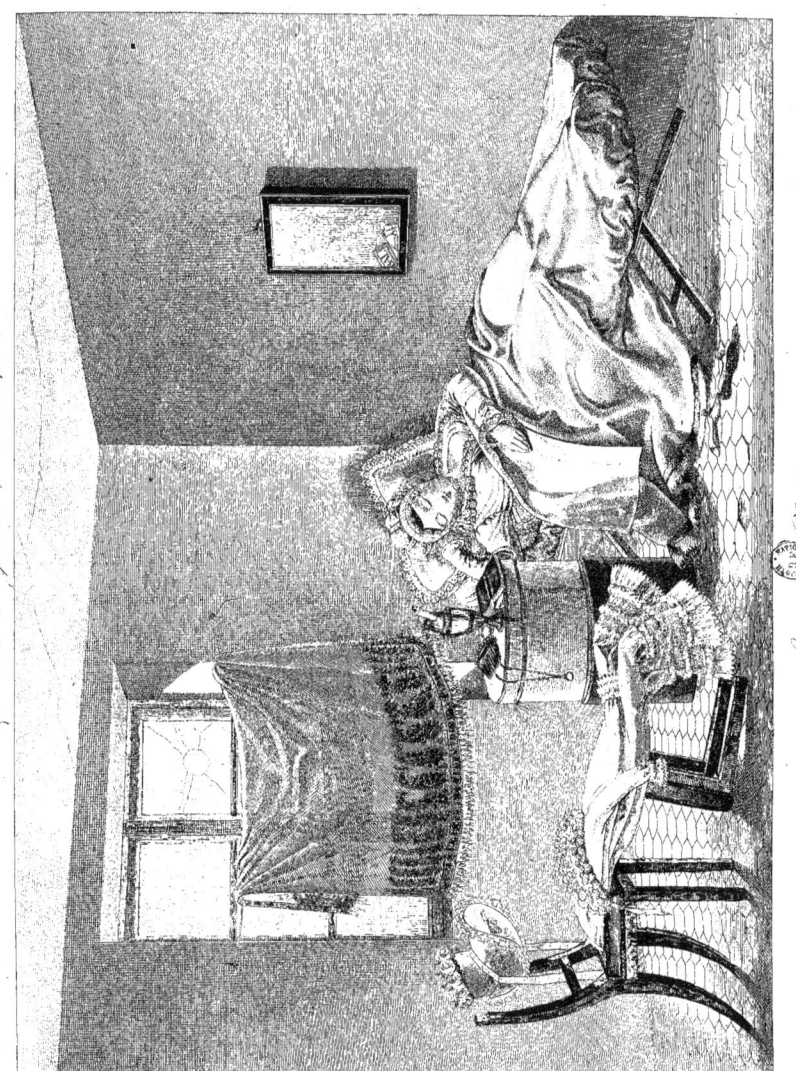

Le Bon Genre. N.º 104.

Luxe Indigence.

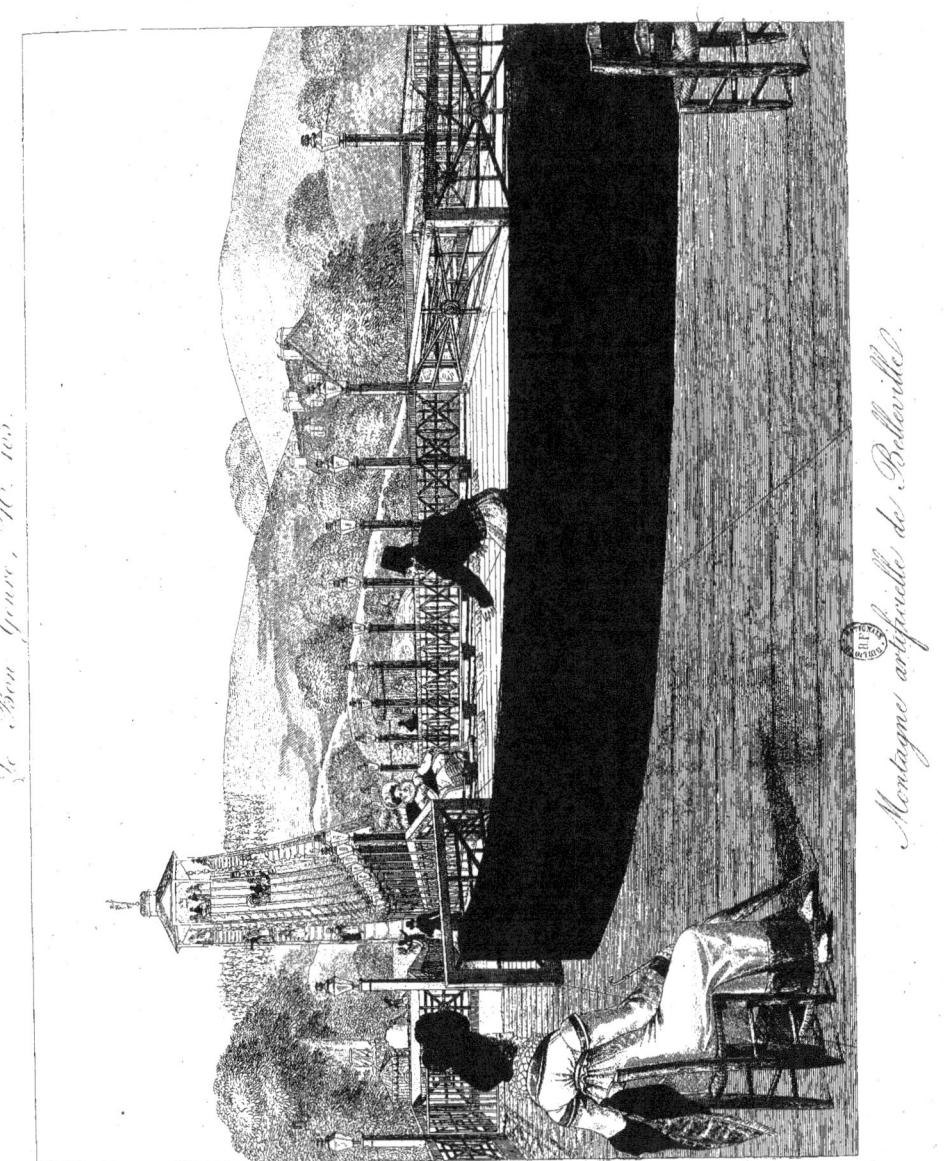

Montagne artificielle de Belleville.

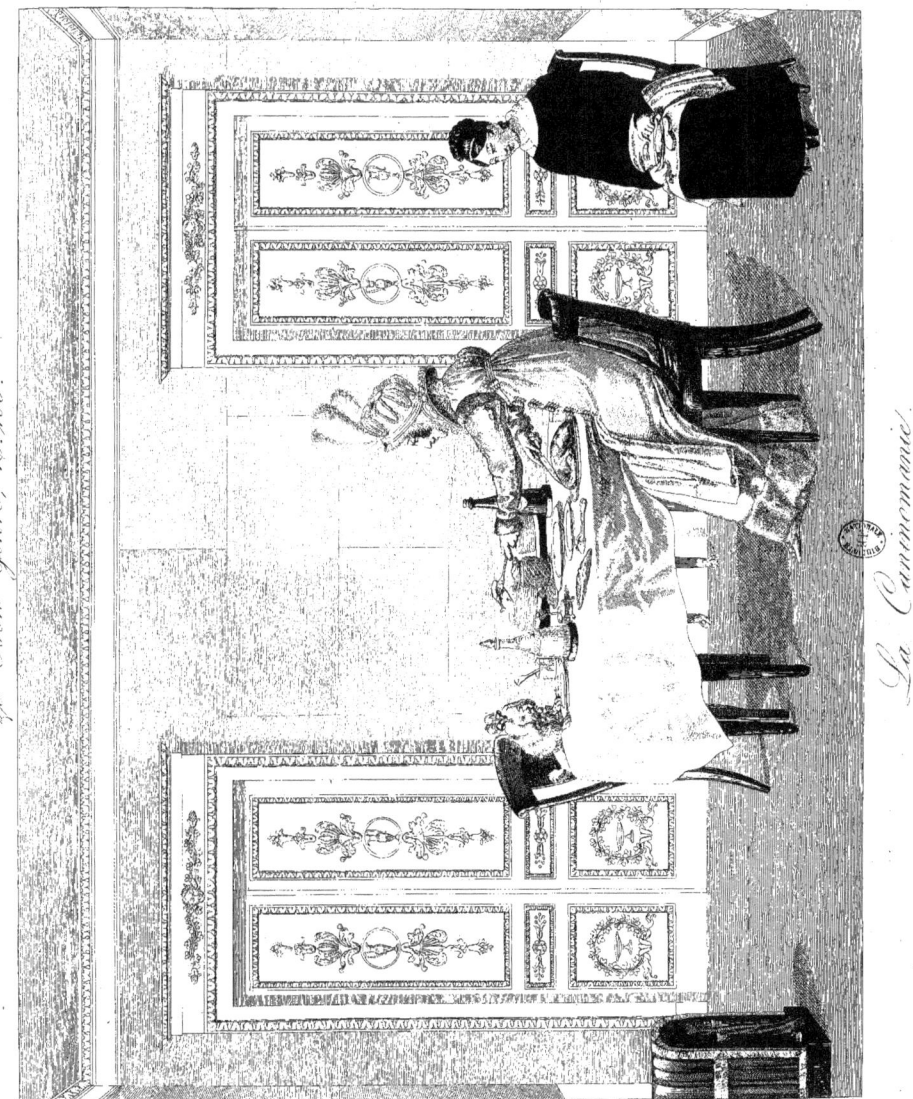

Le Bon Genre. N.º 106.

La Canonomanie.

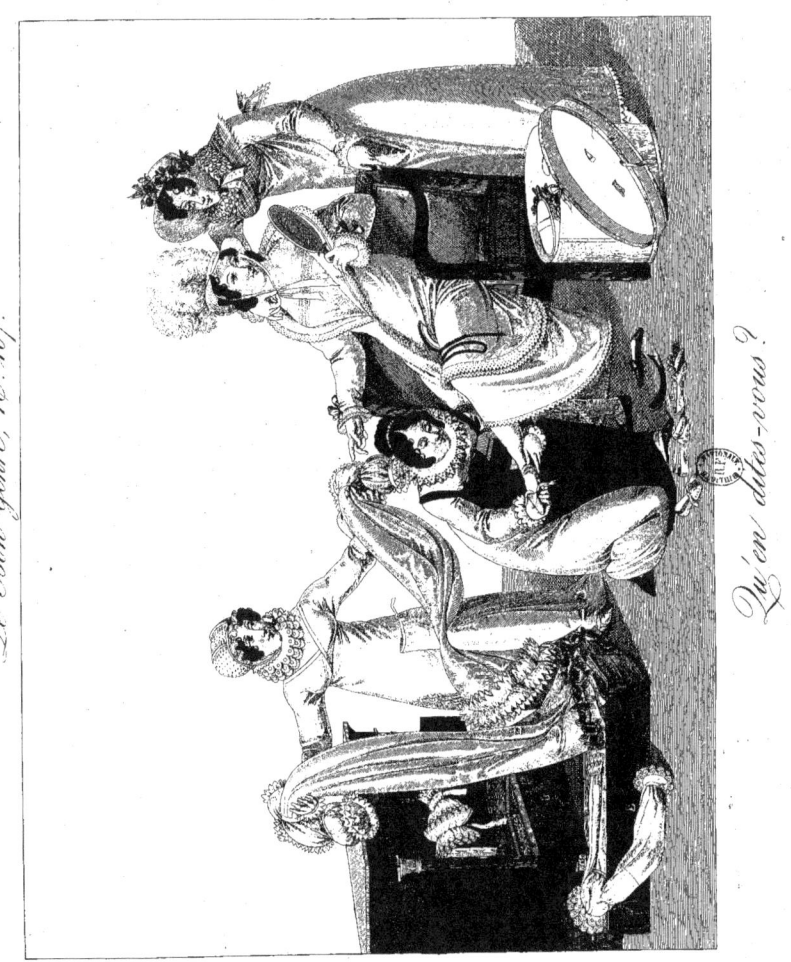

Le Bon Genre, N°. 107.

Qu'en dites-vous ?

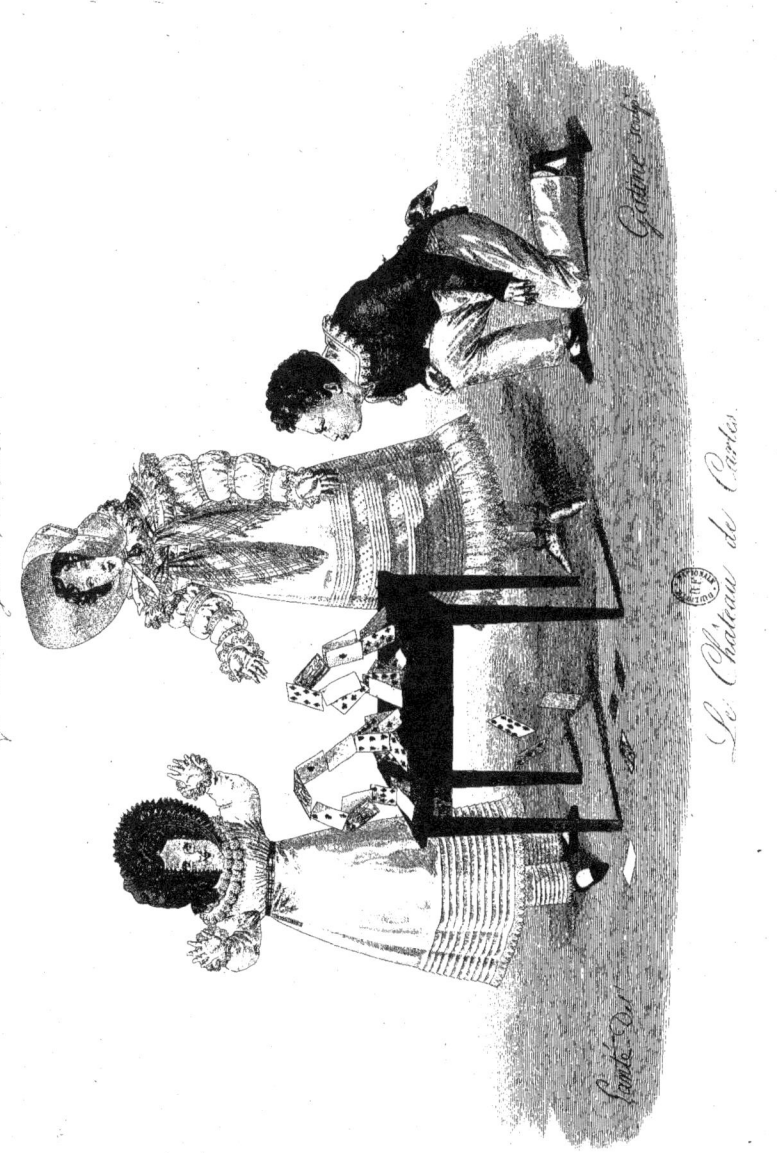

Le Bon Genre, N.º 108.
Le Château de Cartes.

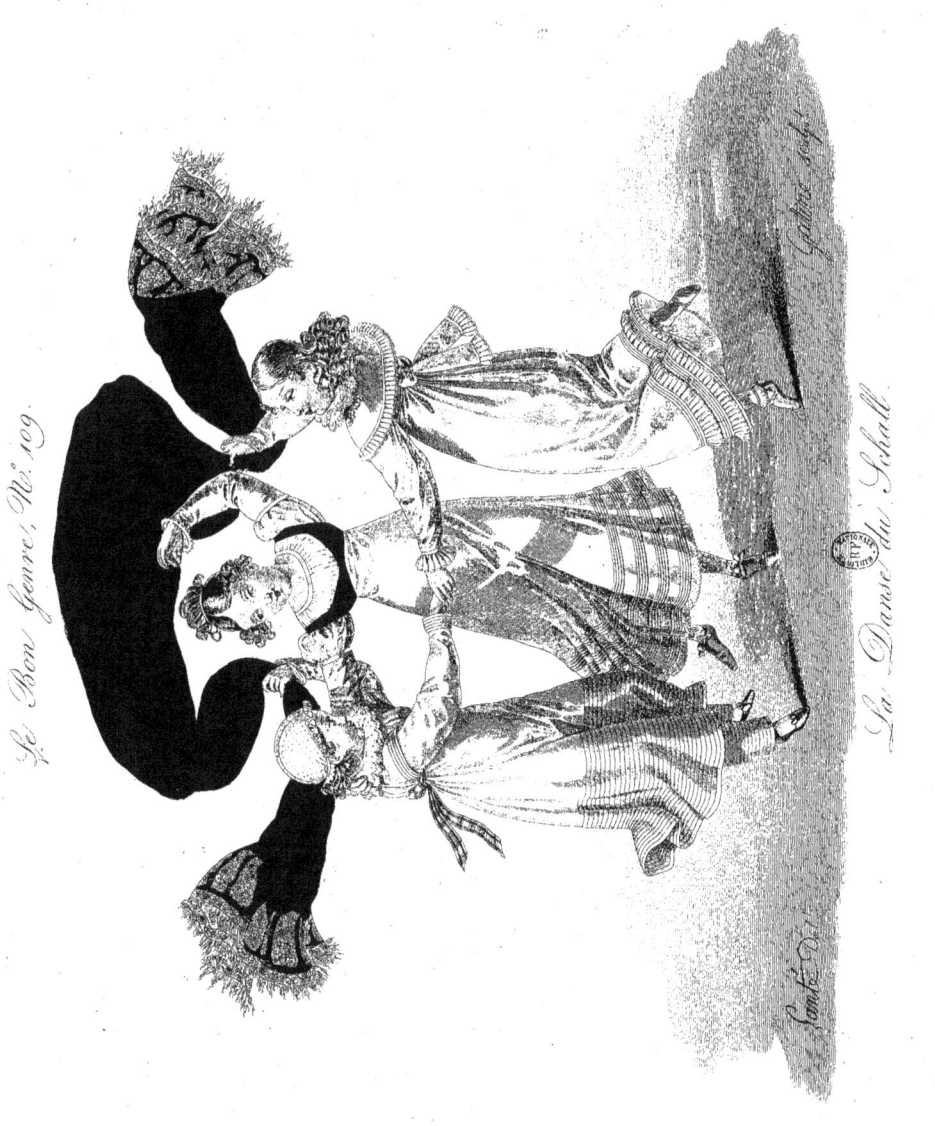

Le Bon Genre, Nº 109. La Danse du Schall.

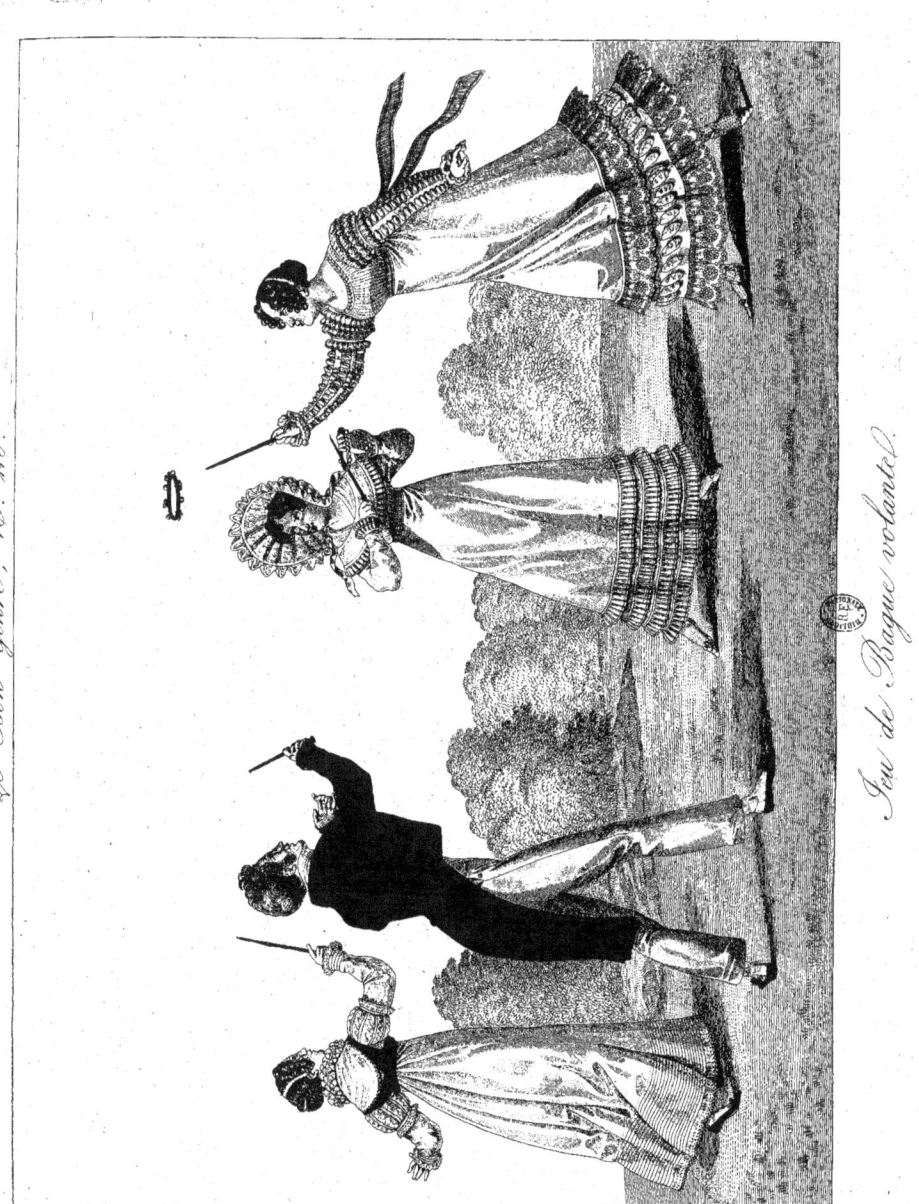

Le Bon Genre, N.° 110.

Jeu de Bague volante.

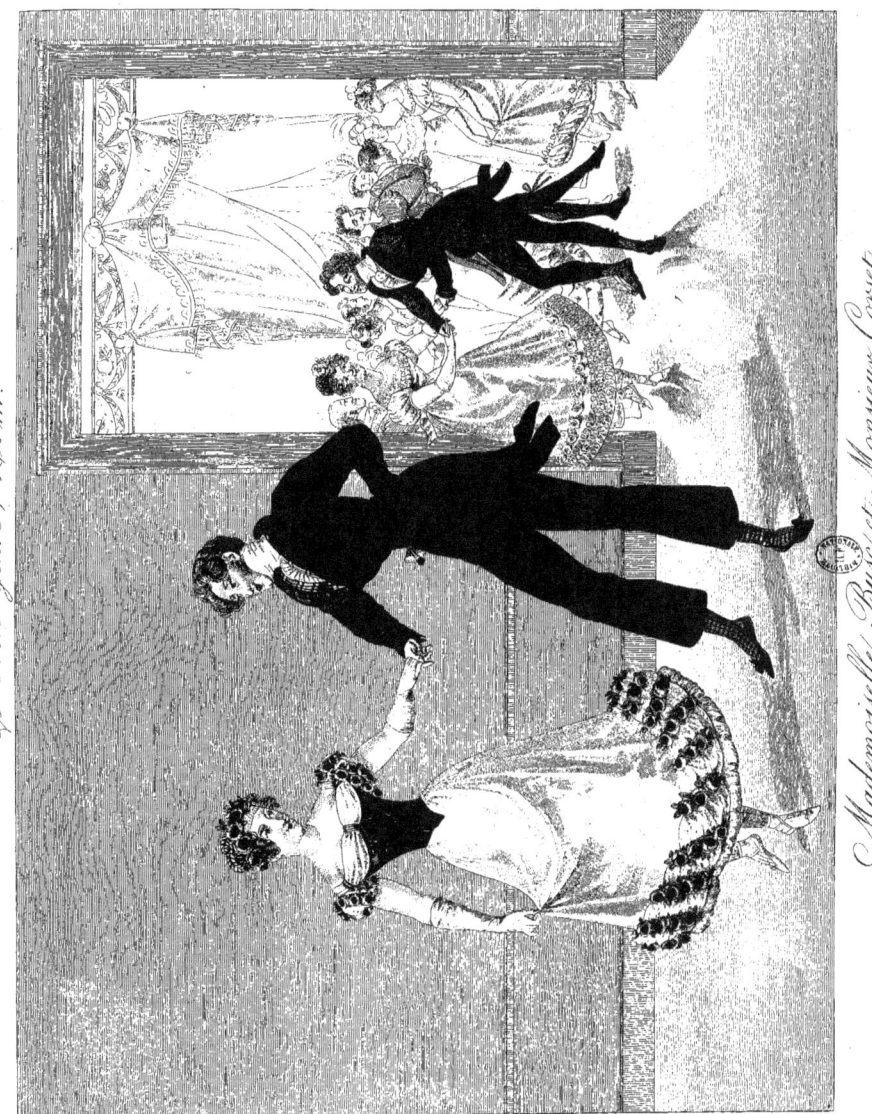

Le Bon Genre, N.º 111.

Mademoiselle Busc et Monsieur Corset.

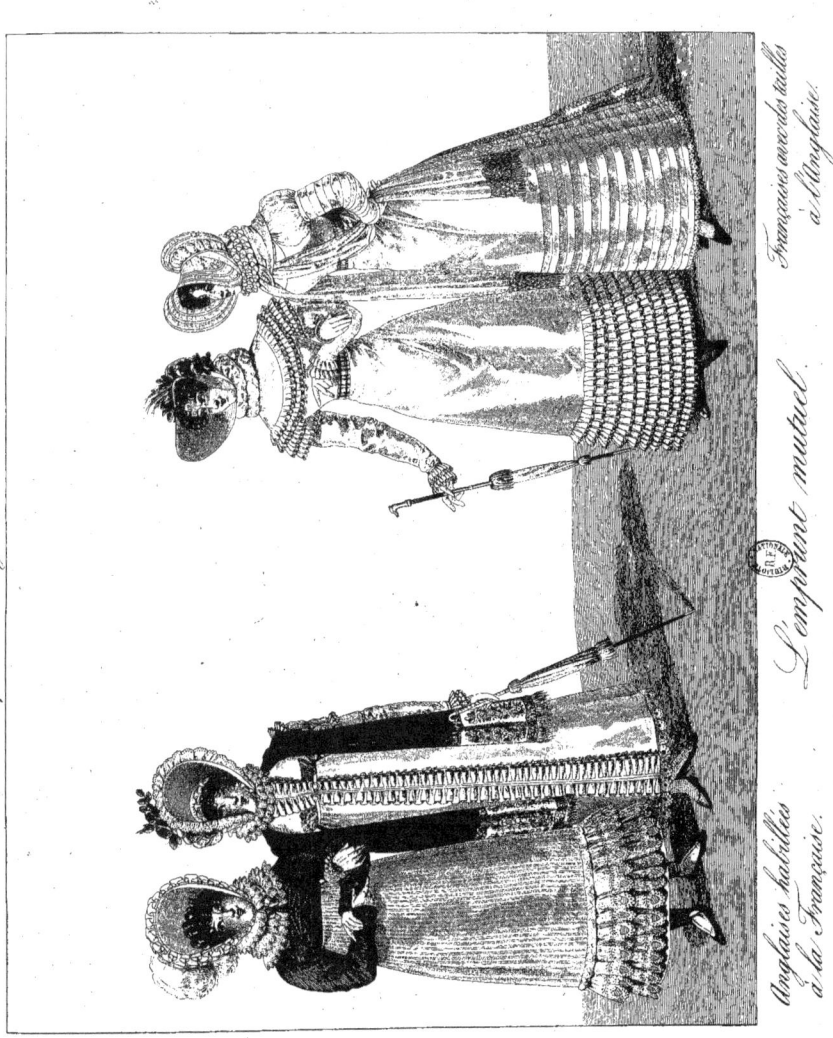

Le Bon Genre, N°. 112.

Anglaises habillées à la Française. L'emprunt mutuel. Françaises avec des tailles à l'Anglaise.

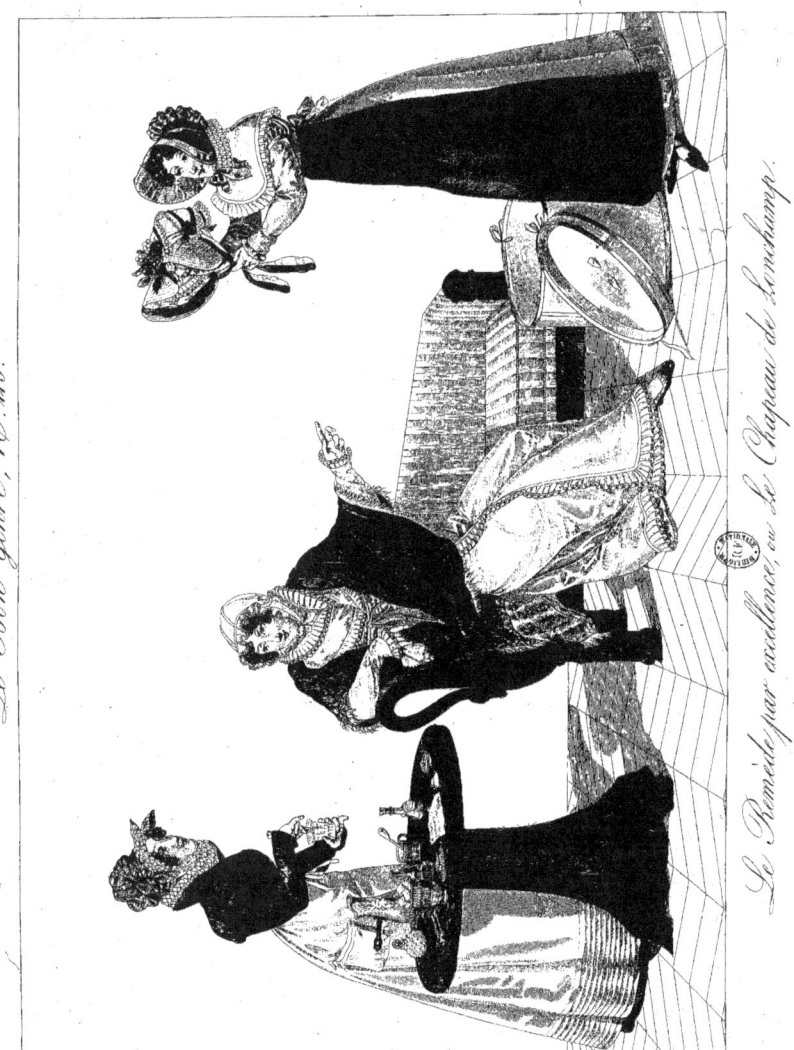

Le Bon Genre, N.º 113.

Le Remède par excellence, ou Le Chapeau de Longchamp.

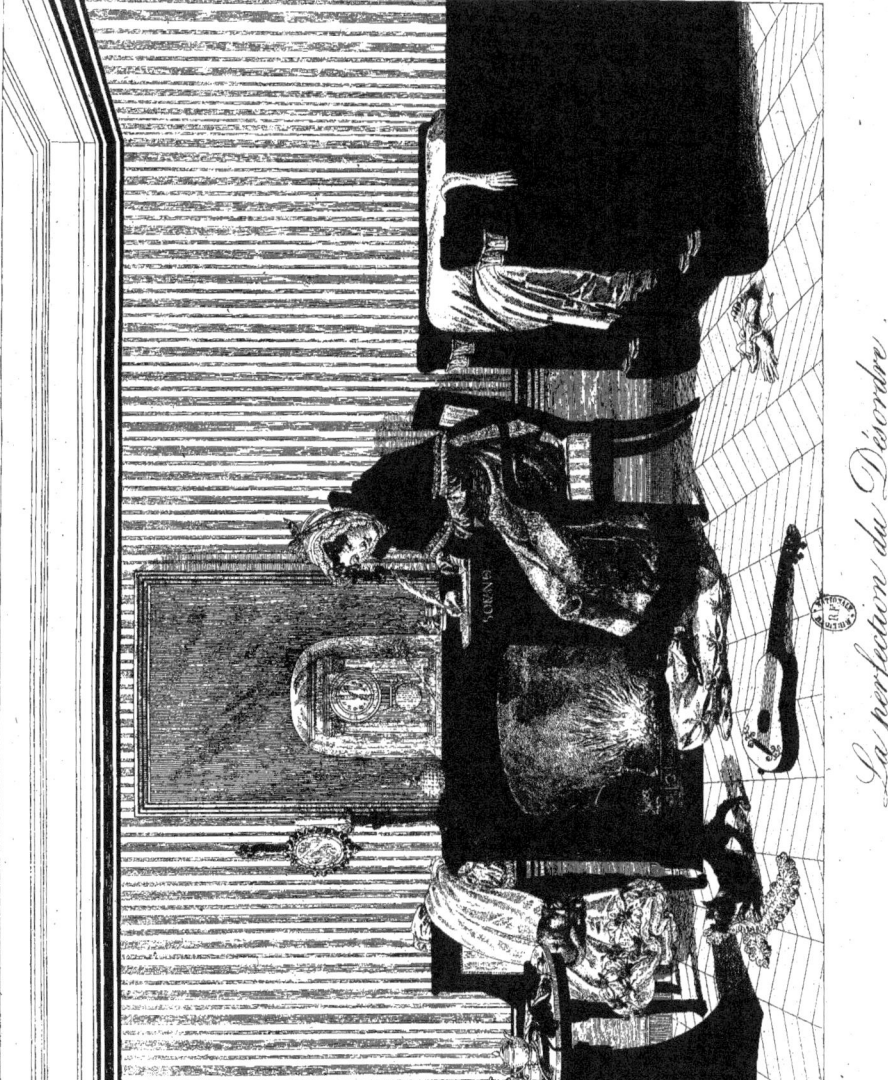

Le Bon Genre, N.º 114.

La perfection du Désordre.

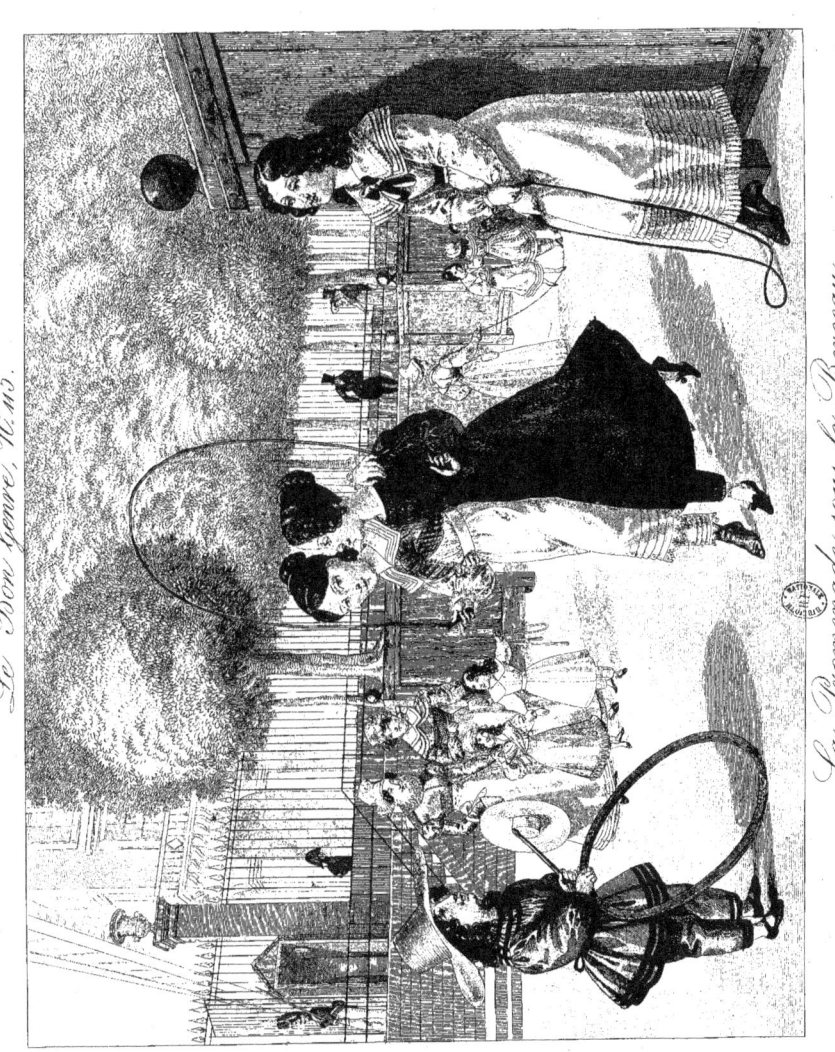

Le Bon Genre, N.º 115.

La Promenade sous le Berceau.

Les deux petites demoiselles qui forment ce Berceau, sont parties de la même jambe.

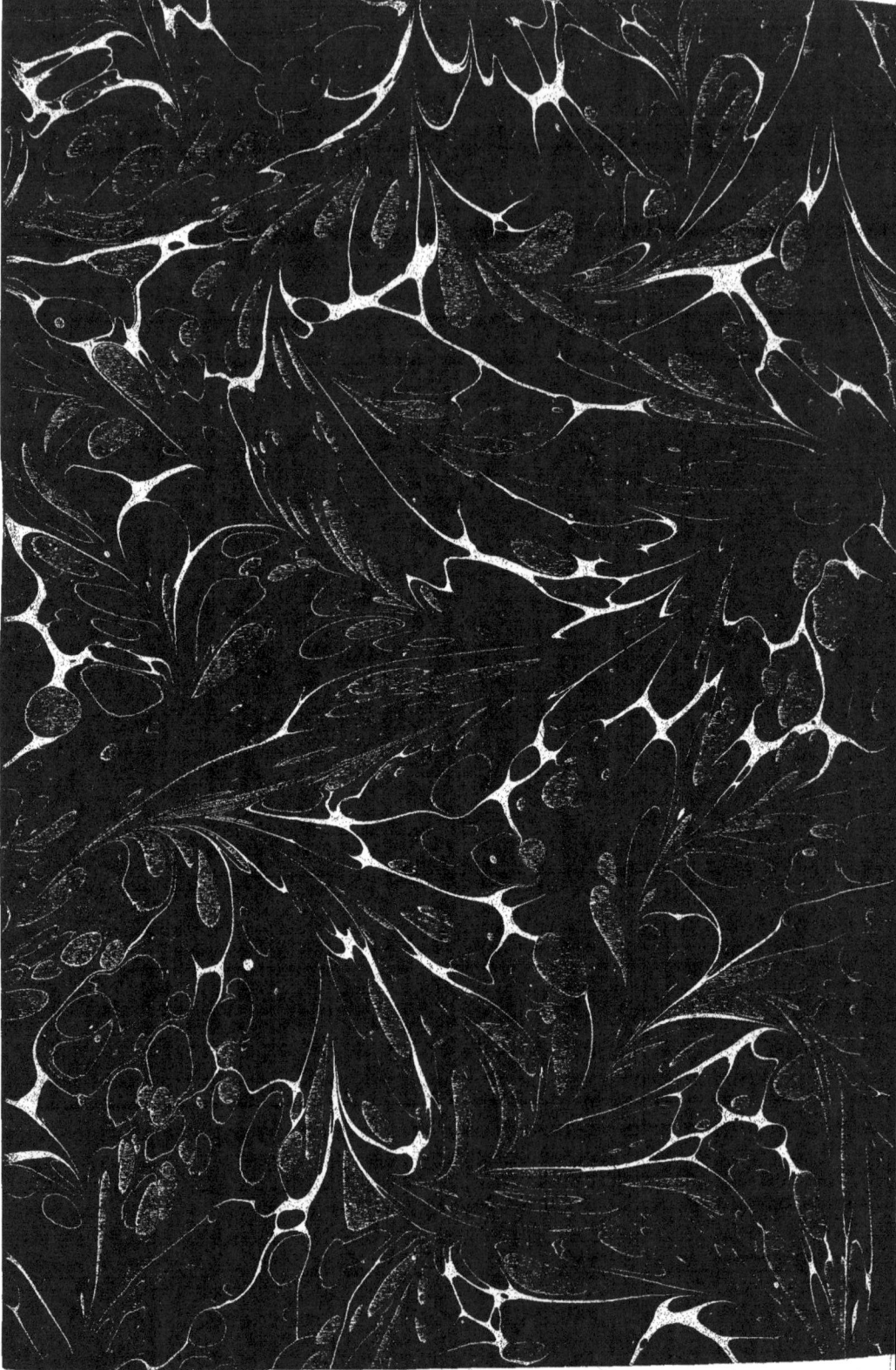

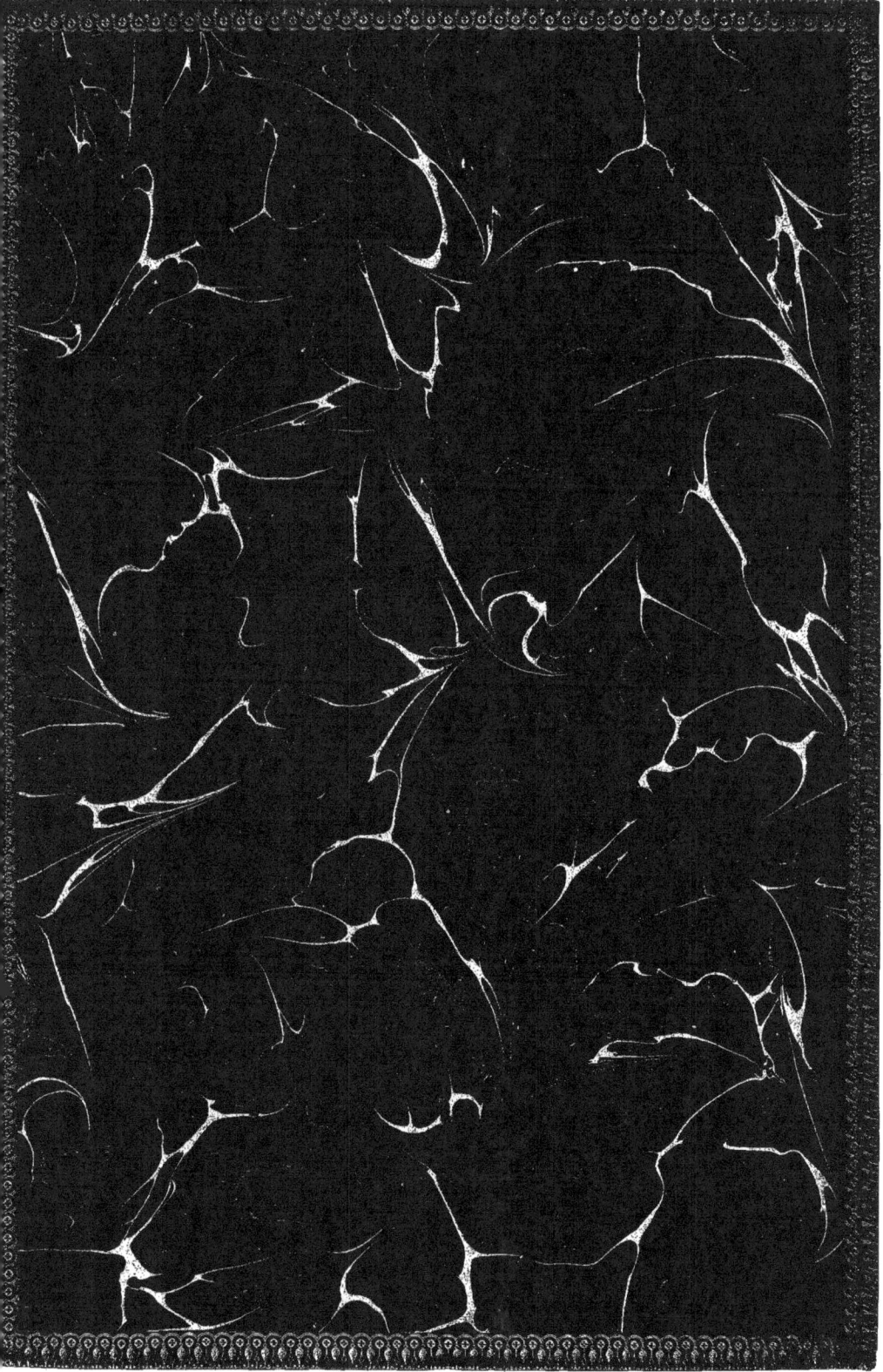

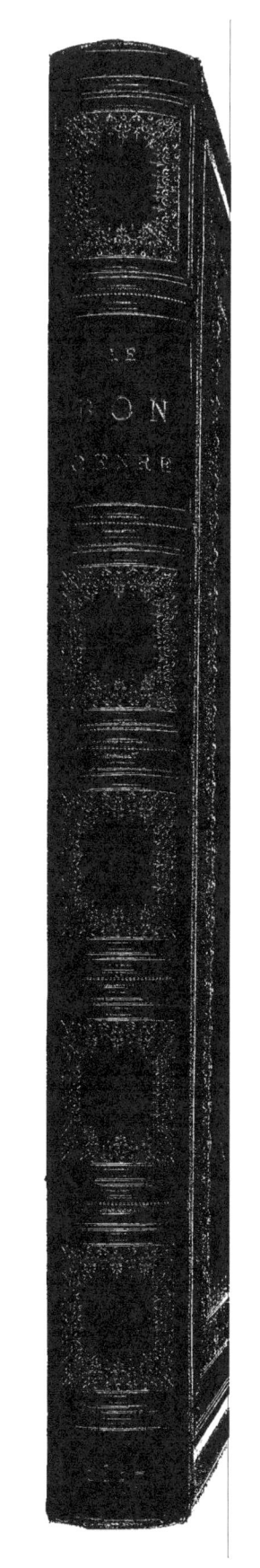